DU

DROIT DE POLICE

A

L'INTÉRIEUR DES ÉGLISES

PAR

Aug. LAUWERS, aîné

AVOCAT A BRUGES

BRUXELLES

LIBRAIRIE SPÉCIALE DE JURISPRUDENCE

G. LARCIER, AINÉ

8, RUE DES SOLS, 8

—

1883

DU DROIT DE POLICE

A

L'INTÉRIEUR DES ÉGLISES

DÉPOSÉ AU VŒU DE LA LOI

Imprimerie judiciaire G. Larcier, aîné.

DU
DROIT DE POLICE

A

L'INTÉRIEUR DES ÉGLISES

PAR

Aug. LAUWERS, aîné

AVOCAT A BRUGES

BRUXELLES

LIBRAIRIE SPÉCIALE DE JURISPRUDENCE

G. LARCIER, AINÉ

8, RUE DES SOLS, 8

1883

INTRODUCTION

A l'écrivain qui aujourd'hui s'essaie à la discussion de questions touchant aux intérêts du clergé catholique il faut un grand courage et je dirai volontiers une philosophie résignée.

Comme toute autre discussion, celle dont les droits civils de l'Eglise sont le sujet a pour but de démontrer des principes plus ou moins sérieusement contredits et de soumettre les convictions à la vérité reconnue

Pareille prétention n'a rien assurément que de raisonnable et par conséquent elle est juste et fondée.

Amener et fixer la suprématie de la vérité sur l'erreur et imposer à celle-ci la honte et le silence, c'est le plus noble fruit et la plus douce récompense des labeurs de l'intelligence et pour se soutenir, il ne faut au penseur ni un ressort plus puissant, ni l'espoir d'un autre triomphe. Mais tout cela est refusé dans les temps présents, au jurisconsulte qui entreprend d'écrire en faveur des prérogatives disputées à l'Eglise catholique par la vulgaire impiété de nos maîtres.

Il aura rétabli des principes séculaires sur des bases solides et désormais indestructibles, il aura fait reluire des clartés de l'évidence le droit des catholiques et de leur Eglise, rien n'y fera, son œuvre demeurera stérile. Aucune obstination ne sera vaincue, aucune résistance forcée, aucune iniquité prévenue, aucune brutalité empêchée. Bien au contraire les dépositaires du Pouvoir deviendront plus audacieux: ils accentueront plus audacieusement leurs agressions et les multiplieront.

C'est leur manière d'accueillir la contradiction ; le parti est pris de persécuter à outrance et dans ce système sans pudeur, on évite le combat pour ne paraître point battu.

A l'écrivain catholique ainsi isolé sur le terrain où il appelait la lutte, il ne reste en Belgique que l'honneur et le mérite d'avoir vengé les droits de la conscience et la dignité de la raison. L'avenir seul enregistrera sa victoire et la restauration sociale qu'il prépare, assurera les conquêtes dont la tyrannie libérale ne nous permet pas de jouir pour le moment.

Telle est la situation vraie qui nous est faite et personne ne peut songer à le nier. L'anéantissement définitif du principe religieux, la suppression universelle des vérités de la Foi catholique sont le seul but du libéralisme et pour l'atteindre et le fixer, il dispose de moyens et de ressources qui se résument dans la violence et dans la force du pouvoir politique.

Le libéralisme contemporain ne reconnaît et ne respecte aucun des droits des catholiques. Il n'écoute et n'accueille aucune de leurs plus légitimes revendications, pourquoi se soucierait-il de les discuter avec nous et nous permettre d'en établir, contre lui, les immortelles origines ?

Puisqu'à tous nos arguments, il est résolu de répondre par les coups de sa puissance, pourquoi s'attarderait-il à en examiner la valeur et la portée ?

Cependant il convient de constater ici que le libéralisme rencontrait, hier encore, un obstacle à ses sinistres projets et cet obstacle il le redoutait étrangement.

En France jusqu'aujourd'hui même, en Belgique jusqu'il y a peu de temps, la Magistrature n'avait pas hésité dans sa mission toute conservatrice, et ses arrêts ont su respecter et défendre les assises qui portent la société et la protègent contre les attentats de la Révolution.

En France, le gouvernement renvoie les magistrats et remanie les prétoires.

En Belgique, la magistrature elle même a commencé des *évolutions* spontanées et dans plusieurs arrêts notables, la nouvelle jurisprudence belge s'est soumise et conformée aux aspirations du libéralisme et aux doctrines du Pouvoir.

Ces *évolutions* ont été signalées par M. Faider, procureur général, dans un discours tout récemment prononcé devant les chambres réunies de la Cour de Cassation. Le pays, tout entier, l'a écouté...

La mercuriale de l'éminent magistrat, dans ses formes solennelles, contient plus d'un grave avertissement, donné aux catholiques belges: elle formule sans réticence et justifie sans restriction, la prétention de substituer définitivement aux arrêts anciens de la Cour suprême, dont ils avaient porté si haut le renom de science et de sagesse, les arrêts qui appuient les principes du droit politique et constitutionnel du clergé sur des bases nouvelles et jusqu'ores réprouvées par toutes nos cours de justice.

La prétention de M. Faider, bien qu'elle vienne de l'un de nos jurisconsultes les plus autorisés, nous semble une énormité et l'aveu qu'il fait de vouloir introduire dans les décisions de la jurisprudence, les motifs imposés par la politique, ou, comme il l'entend, par les tendances et par les besoins de la société contemporaine qui se modifie et se transforme, nous paraît irréfléchi et tout à fait téméraire.

Nous comprenons, à la vérité, que nos chartes et nos lois soient soumises à des *évolutions*, et nous estimons que de nos jours celles-ci sont beaucoup trop fréquentes et trop radicales et tout aussi hasardées que périlleuses, mais nous déclarons ne pas comprendre que les Lois demeurant stables et sans variation, ce soit la jurisprudence qui évolutionne, dans le but et le dessein de bouleverser les applications successives qu'elle doit en faire.

A part cette singularité choquante, que les derniers arrêts rendus depuis l'*évolution* de nos Cours, ne visent précisément que les droits du clergé catholique et de ses religionnaires et suppriment l'exercice de leurs libertés, n'est-il pas juridique de chercher ailleurs que dans sa mobilité les vrais mérites de la Jurisprudence d'une nation *éclairée* comme la nôtre ?

Nous croyons que la Jurisprudence emprunte son autorité à l'unité et que sa majesté disparaît avec son absolue indépendance.

L'unité dans l'ensemble des décisions judiciaires résulte de l'intelligence du texte et de l'esprit de la Loi. Cette intelligence se révèle dans les motifs qui dictent chacune d'elles en particulier.

Comme il en est des vérités fondamentales reconnues par la raison humaine, comme il en est surtout des axiomes que l'évidence nous fait admettre et ne nous permet pas de discuter, les arrêts de la Jurisprudence trouveront la fixité qui seule peut les soustraire à la discussion, dans la puissance d'interprétation sur laquelle ils s'appuient. La jurisprudence ne sera et ne peut être la vérité, que si elle est bien motivée, bien raisonnée, mais alors aussi, comme la vérité, elle sera fixe, invariable, immobile, toujours la même et partout unanime. *Res judicata pro veritate accipitur*.

Tel est l'idéal que la science poursuit et dont les institutions judiciaires se sont inspirées chez tous les peuples vraiment sages. Qu'est une Cour de cassation, sinon le phare lumineux qui guide la jurisprudence et la ramène à l'unité ? Qu'est-elle sinon la gardienne vigilante et anxieuse de la légalité, défendant aux organes de la justice de s'écarter de la régle et du devoir de décider selon le droit ? *Jus dicere*.

Si la Cour suprême tient le premier rang dans notre organisation judiciaire, c'est parce qu'elle a reçu la mission de conserver nos lois inviolables et de veiller à ce que les Cours d'appel et les Tribunaux en respectent la sainteté et la grandeur

Soit qu'elle casse la décision d'un degré inférieur, soit qu'elle rejette le pourvoi formé devant elle, elle remplit sa mission, qualifiée de régulatrice, en soumettant à son examen et à son appréciation souveraine non pas le fond du débat, mais la légalité de la sentence. Elle affirme que la loi à été bien ou mal comprise, interprêtée et appliquée par les premiers juges. La Cour de cassation ne refait pas les arrêts qu'elle vient d'annuler: elle les renvoie et impose à une autre juridiction le soin d'y substituer des décisions nouvelles motivées conformément à la loi.

C'est ainsi qu'elle travaille à constituer l'unité et la

fixité dans la jurisprudence, c'est ainsi qu'elle rend et qu'elle obtient des arrêts de doctrine, très justement appelés *les monuments du Droit*.

Comprend-on désormais qu'il suffise d'évolutionner autour de ces monuments déjà séculaires, pour les voir aussitôt ébranlés et démolis ? Et si la magistrature qui abritait là son honneur, les déserte et les fait solitaires la science qui les a élevés et qui en a patiemment consolidé les assises y pénétrera; elle y restera pour les défendre de la destruction.

Nous voulons dire que les arrêts de doctrine demeureront l'expression de la vérité juridique, aussi longtemps que se fera attendre la découverte d'une erreur dans les motifs qui les ont dictés. A nos Cours, à la Cour de Cassation et à son procureur-général de nous signaler et de démontrer l'interprétation fausse, l'erreur admise, le principe méconnu ou négligé.

Mais encore faudra-t-il appuyer cette démonstration sur la loi et ne pas vouloir y substituer le simple aveu d'une *tendance* politique étrangère à la stricte légalité.

Pour rédiger leurs arrêts, nos grands magistrats d'autrefois n'étudiaient pas ces tendances; ils ne s'inquiétaient pas des prétendus besoins nouveaux de la société transformée, ils ignoraient les préoccupations de la politique et auraient écarté comme dangereuse et coupable, la pensée d'une évolution nécessairement hasardeuse autour d'une loi immuable et seule respectée.

Nous tenons pour sages ces magistrats, nous tenons pour justes ces arrêts, antérieurs à l'ère des *évolutions*.

Nous n'avons vu aucun de leurs considérants et motifs principaux atteints et ébranlés par la méthode récemment introduite dans la rédaction d'arrêts contraires.

Aussi, quant aux décisions rendues par nos Cours d'appel et par la Cour suprême, avant que le libéralisme n'eut troublé la justice et envahi ses sanctuaires, nous leur conservons notre admiration respectueuse, persuadés que nos Lois et la Constitution belge surtout, se trouvent bien de cet hommage.

De toutes les solutions intervenues dans les matières du droit civil ecclésiastique sur les églises et les presbytères, sur les cimetières, sur les Fabriques, sur le monopole des pompes funèbres . . . nous n'admettons, même aujourd'hui comme pleinement justifiées et vraiment juridiques, que celles qui émanent de nos magistrats de ci-devant.

Car enfin, il faut oser le dire, bien qu'il en coûte à notre patriotisme, les lois sur ces matières n'ont pas été modifiées et sans offense pour personne nous croyons sincèrement qu'elles n'auraient pas été diversement interprêtées si la tempête libérale n'avait soufflé dans nos prétoires et fait fléchir la rigidité des consciences ou la fermeté des convictions de plusieurs.

Nous dénonçons plus spécialement cette *évolution* qui seule a provoqué et nécessité les autres.

Elle n'est pas avouée et on n'a pas tenté de la justifier mais ceux qui y président, savent où elle doit nous mener.

Que si des questions qui intéressent les droits civils proprement dits de la religion, nous passons à celles qui touchent à l'exercice des droits publics et constitutionnels du culte catholique et de son clergé, les évolutions de la jurisprudence actuelle s'accentuent davantage, et ici, vraiment, elles nous font peur. Si elles se prolongent et se développent, si le libéralisme peut librement convoyer les magistrats judiciaires dans le chemin qu'il leur a ouvert, il ne sera plus possible ni de revenir, ni même de s'arrêter, et viendra le jour où la jurisprudence nouvelle aura consacré la ruine de la dernière de nos libertés religieuses, honteusement confisquées par la tyrannie.

La liberté des cérémonies et des solennités publiques du culte est garantie par la Constitution ; dans l'élan d'une évolution récente, elle a disparu et le droit reconnu et proclamé par les arrêts anciens, est aujourd'hui remplacé par l'arbitraire communal.

La législation qui nous régit, a créé dans les cimetières le droit de police et soumis le bourgmestre à l'obligation d'y protéger efficacement l'intervention du culte et de ses ministres et voilà qu'une interprétation nouvelle, substituée à celle qui avait prévalu dès l'origine, permet d'y interdire, au gré d'un caprice, l'accomplissement libre des rites religieux.

Le droit de police à l'intérieur des églises appartient exclusivement à l'Evêque et à ceux qu'il délègue. Le sens commun, la saine raison ne s'accommoderait pas de la prétention absurde de l'attribuer à d'autres, et la loi l'a compris.

Le Concordat aussi l'atteste et chaque fois que le pouvoir exécutif a voulu régler par ses décisions, les dispositions concordataires, il a affirmé ce droit des Evêques et des curés. Et cependant il est aujourd'hui supprimé par l'arrêt de la Cour de cassation du 27 Mars 1882.

Cette fois l'évolution est complète et si elle restait définitive, elle amènerait des conséquences inouies, incroyables.....

Nos lecteurs n'ont pas perdu le souvenir d'un incident qu'a fait naître à Marche dans l'église paroissiale et à l'ouverture des solennités religieuses du Dimanche, la prétention scandaleuse des agents de la police communale.

Une institutrice *officielle* s'y était installée pendant l'office paroissial sur une chaise dont elle refusait d'acquitter la taxe entre les mains du collecteur. L'instigation se devinait dès lors. Le curé donne l'ordre au serviteur de l'église d'exiger le droit et de percevoir de l'institutrice le prix payé par tous les fidèles en général. L'institutrice résiste à l'invitation du collecteur et au moment où celui-ci s'apprête à retirer la chaise à celle qui ne pouvait désormais en faire usage, le commissaire de police, prévenu et posté aux côtés de la récalcitrante, intervient en sa faveur et protège sa résistance.

On sait le reste.

Nous ne recherchons pas ce que la décence et le respect de la majesté divine auraient conseillé à l'institutrice officielle de Marche et au commissaire, chargé par le Bourgmestre d'appuyer la révolte contre les prescriptions du curé. Leur attitude, à tous égards déplorable, est aujourd'hui jugée par les consciences chrétiennes.

La question de légalité nous occupe seule et fera le sujet de ce livre.

Nous voulons examiner, sous le regard du Législateur, lui aussi méconnu et gravement offensé dans la personne de M. le curé de Marche et de son modeste employé, quels sont les droits de police qu'il a voulu attribuer, à l'intérieur des églises, aux prêtres qui les desservent et quelles sont aujourd'hui, malgré les *évolutions* de la nouvelle jurisprudence la limite exacte des droits de police que l'autorité communale est admise à y exercer et les formes auxquelles cet exercice demeure assujetti.

Nous l'avouons volontiers : notre examen ne nous a pas demandé des efforts inaccoutumés d'intelligence..

Il nous a suffi de recueillir avec patience, parce que nous les voulions complets, les nombreux documents de législation, de doctrine et de jurisprudence, antérieurs à la date *des évolutions*, renfermant et justifiant la solution que nous proposons à ceux qui voudront les parcourir après nous.

Aussi bien nos lecteurs se convaincront-ils qu'avant l'année 1881, personne, ni écrivain, ni magistrat, n'avait hésité, dans l'interprétation des lois qui organisent, à l'intérieur de nos temples, le droit de police attribué aux Evêques et aux curés.

En l'établissant, nous avons plus d'une fois entrevu, sans pouvoir les éviter, l'ennui et le danger de n'avoir fait que reproduire des démonstrations d'emprunt et mériter par l'accumulation de nos citations et des textes, ce reproche qui trouve le jurisconsulte plus particulièrement sensible: « *argumenta auctoritatis, argumenta paupertatis.* »

Bruges, 1er Janvier 1883.

PRÉLIMINAIRE

Notre travail se divise en deux parties, la première *générale*, la seconde *spéciale*.

Cette division est naturelle ; elle s'imposait. Nous résumons dans la partie générale, les principes sur la matière, déposés dans les Lois et commentés dans les œuvres de la Doctrine. Cette partie se subdivise en trois chapîtres, consacrés à l'examen successif des questions principales que le législateur définit dans son texte et que la doctrine éclaircit dans ses commentaires.

Nous en présentons la synthèse juridique dans le troisième chapitre.

Nous consacrons la seconde partie tout entière de notre ouvrage à la reproduction des documents, la plupart inédits, de la jurisprudence, tant administrative que judiciaire. Nos lecteurs y trouveront les éléments et les motifs de l'interprétation qui a prévalu jusqu'en 1881 et fixé, sans variation, l'application que les Tribunaux aussi bien que l'administration supérieure ont faite des principes généraux, exposés dans la première partie.

Nos conclusions finales, mises en regard du dernier arrêt de la Cour suprême, terminent cet essai.

PREMIÈRE PARTIE

CHAPITRE PREMIER

1. L'art. 9 de la loi du 18 germinal an x consacre le principe en vertu duquel le droit de police appartient, dans les églises, aux curés ou desservants.

A eux seuls, sous l'œil de leurs supérieurs ecclésiastiques, appartient le droit de prendre telles mesures et de donner tels ordres qu'ils jugeront convenables en faveur du bon ordre, de la décence, de la gravité et du respect dans les lieux saints.

Un décret du 21 pluviôse an xiii a répété en termes formels que la *police* des temples appartient à l'autorité ecclésiastique.

Ce droit de police n'est pas limité à l'église proprement dite ; les attributions du curé s'étendent à la sacristie, au vestibule, au chemin de ronde, et même au cimetière et aux rues et places publiques *qui servent actuellement aux cérémonies du culte,* par exemple à un enterrement, à une

2.

procession, à une bénédiction, etc... Ces attributions elles-mêmes ne sont pas plus restreintes que celles arrogées par la police civile ordinaire et comprennent tous les actes, tous les ordres, toutes les défenses, toutes les mesures qui se rattachent directement et principalement à la célébration du culte.

Ainsi en vertu du droit de police, un curé peut écarter du Jubé et de la sacristie, les personnes qu'il ne juge pas convenable d'y admettre, assigner les places à l'église et séparer les sexes, fermer les portes pendant les sermons et les prônes et les tribunes pendant les cerémonies du soir, surveiller les abords de l'église, faire défendre les attroupements bruyants pendant le service, former et diriger les cortéges pieux, exclure du lieu saint les coupables de trouble ou de simple irrévérence, défendre et supprimer les décorations inconvenantes, empêcher tel ou tel genre de musique, prévenir les stationnements aux portes ou dans le cimetière. — Le curé peut *seul* garder les clefs de l'église et du clocher paroissial, il donne *seul* les ordres aux serviteurs d'églises pour tout ce qui concerne la célébration du culte, il peut *seul* fixer, prolonger ou abréger les cérémonies, etc.

2. La loi en attribuant au curé le droit de police dans l'église et ses dépendances, ne lui a pas cependant reconnu le droit d'exercer cette police, comme agent de la police civile ou judiciaire, parce qu'il n'est pas, en réalité, dépositaire d'une partie de l'autorité publique.

Un curé ne pourrait pas faire un procès-verbal, ni ordonner des arrestations. Il doit, quand son pouvoir est méconnu, invoquer les dispositions de lois qui protégent le culte et sa parfaite liberté, et provoquer la complète et sincère application de ces lois, auprès des autorités compétentes.

Le curé qui s'aperçoit qu'il est causé quelque trouble ou commis quelque action inconvenante dans l'intérieur de l'église, doit employer d'abord les avertissements et les exhortations pour les faire cesser ; s'il n'est point écouté, il ne peut requérir par voie de commandement, la force armée, par exemple, la gendarmerie, le garde-champêtre, le bourgmestre ou autre agent communal ; il n'en a pas le droit; il ne peut agir ici que comme simple citoyen, par forme d'invitation et non de commandement. Si l'on ne tient pas compte de ses avertissements et que les moyens de persuasion et de douceur soient insuffisants, il doit envoyer le suisse, le bedeau, le sacristain, les divers serviteurs de l'église, pour éconduire les individus qui occasionnent le trouble ou qui commettent des actions inconvenantes ; mais il doit se souvenir qu'il ne faut pas les expulser brutalement ; il doit engager les assistants à donner leur concours, et, au cas qu'il fut inefficace pour réprimer le désordre, il ferait prévenir les autorités du lieu, le bourgmestre, les officiers de *police,* ou même, au besoin, la force publique chargée de veiller au maintien de l'ordre, à la conservation de la tranquillité et à la protection de tous les citoyens et de l'exercice du culte catholique. Si les irrévérences continuaient, et que le scandale et le tumulte ne permissent pas de terminer décemment les offices ou la cérémonie, le curé en prononcerait la suspension et se retirerait. Il ferait ensuite sa plainte devant le bourgmestre, ou le commissaire de *police,* ou le procureur du roi, pour réclamer la protection que les lois doivent à l'exercice de son ministère. (Il serait convenable que le curé pût consulter son Evêque, qui le dirigerait dans la conduite qu'il aurait à tenir à cet égard.) L'affaire se jugerait ensuite par la voie des témoignages que rendraient les assistants. Telle est la marche légale, à défaut d'autres moyens répressifs.

3. Nous recommandons avec instance, que s'il y avait des scandales à réprimer, il n'y ait jamais, envers les profanateurs, de la part des employés de l'église, ni emportements, ni injures, ni, à plus forte raison, coups ni lutte, qui n'auraient pour résultat que d'augmenter le scandale et le bruit. Il est sans doute superflu de faire remarquer qu'un curé se compromettrait gravement et manquerait aux bienséances que lui prescrit son état, s'il procédait lui-même à une expulsion, ou s'il arrachait avec violence une personne de son banc ; dans le cas qu'il fallût en venir là, ce serait l'affaire du suisse et non du prêtre. Que MM. les curés, en exerçant eux-mêmes la *police* des églises, usent de beaucoup de prudence et de la plus grande modération ; qu'ils imposent silence, qu'ils enjoignent même de sortir de l'église aux hommes irrévérents, mais qu'ils ne les interpellent pas nommément ; que surtout ils s'abstiennent de toute parole blessante et de tout reproche injurieux.

Si cependant un curé enjoignait nommément et publiquement à quelqu'un, pendant l'office, de se taire et de sortir de l'église, pourvu qu'il le fît avec calme et sans proférer d'injures, il ne donnerait pas lieu à des poursuites devant les tribunaux.

4. Ces conseils de prudence et de modération, nous les donnons aux curés. Mais nous ajoutons qu'il est utile que les curés connaissent leurs droits et qu'ils sachent que nos lois répriment les insultes faites au culte catholique. La religion a droit d'être entourée de respect dans tous ses exercices publics, quels qu'ils soient, et ses ministres peuvent faire punir toutes ces bravades et ces insolences aussi ineptes qu'impies, dont la religion et les honnêtes gens, même en Belgique, ont si souvent à gémir. — La Cour de Paris vient de condamner à la prison, le propriétaire d'une voiture qui s'était obstinée à vouloir traverser *une procession.*

Il est encore important qu'un curé sache les droits du bourgmestre, auquel la loi impose la charge de la police communale. Le curé a souvent besoin de la protection du chef de la commune, et d'ailleurs il convient qu'il prêche d'exemple et soit le premier et le plus exemplaire dans la soumission aux lois et aux réglements.— A son tour le bourgmestre doit défendre les empiétements, si faciles, sur les prérogatives et les droits du clergé. Toutes les fois, dit M. l'avocat Gaudry, qu'il s'agit de diriger les affaires du culte dans les limites du pouvoir reconnu au clergé par la loi, l'autorité ecclésiastique agit indépendamment de l'autorité administrative, *lors même que les mesures auraient des conséquences indirectes et accidentelles sur le temporel.* Toutes les fois au contraire, qu'il s'agit de diriger des affaires de police ou d'intérêt public, et que la loi n'a pas restreint l'étendue du droit de l'autorité administrative, l'administration agit indépendamment de l'autorité ecclésiastique, *lors même que les mesures auraient des conséquences accidentelles* qui pourraient atteindre les intérêts extérieurs du culte.

Sauf, dans l'un et l'autre cas, si ces conséquences arrivaient à violer les principes fondamentaux des deux pouvoirs, à en référer à l'autorité supérieure, juge de ces questions.

5. Des exemples sont nécessaires pour faire comprendre cette règle.

La police de l'église a été donnée aux curés par le principe même de la liberté du culte ; et la décision déjà citée du gouvernement, du 21 fluviôse an VIII (10 février 1800), a déclaré qu'il devait en être ainsi. D'un autre côté, un bourgmestre a la police de sa commune, d'après les lois des 14 Août 1792, 22 Juillet 1791 et 18 Juillet 1827 ; de plus, l'article 47 de la loi organique du 18 Germinal an X lui donne le droit d'avoir une place distinguée dans l'église. Qui donc aurait la police du lieu saint, s'il devenait nécessaire de l'exercer ? Appartiendrait-elle au bourgmestre ou au curé ? — Il faut distinguer, suivant les règles ci-dessus. S'il s'agit d'un fait qui trouble seulement le culte, sans compromettre la paix publique, le ministre du culte serait en droit de le réprimer. Ainsi, dans l'église, un individu garde son chapeau sur la tête, sa tenue est indécente, le curé a le droit d'avertir, ou d'expulser, par ses officiers, celui qui offense ainsi la majesté de la religion. Mais le trouble est de nature à compromettre la tranquillité publique : des individus résistent à l'ordre donné, ils se livrent à des excès, à des violences ; ce n'est plus la religion seule qu'il faut protéger, c'est l'ordre public qu'il faut maintenir : le bourgmestre reprend son caractère, il a le droit de faire la police. On doit entendre, en ce sens, la loi du 24 Août 1790, *qui confie à la vigilance du maire les lieux où il se fait de grands rassemblements, tels que... les églises,* et l'arrêté du 12 Messidor an VIII, qui charge le préfet de police de surveiller les lieux où l'on se réunit pour l'exercice du culte.

Par suite du même principe, le bourgmestre ne peut rien

dire ni publier dans l'église sans le consentement du curé. (Instruction du ministre des cultes du 22 Fluviôse an XII).

6. Le savant jurisconsulte de Paris dont nous rapportons l'opinion, a cru pouvoir tout embrasser et tout concilier dans cette distinction fort ingénieuse et d'ailleurs fondée en droit, mais nous sommes d'avis qu'elle n'aiderait pas à résoudre tous les cas pratiques qui se présentent.

Outre la loi du 16-24 Août 1790, dont l'article 3 du titre XI, a *honteusement* placé sur le même rang, les spectacles, les maisons de jeux et les églises, nos bourgmestres pourraient invoquer l'art. 90 de la loi communale, reproduit dans les articles 10 et 11 de la loi communale de la France, du 18 Juillet 1837.

Voici comment cette prétention doit être jugée : Les bourgmestres, comme quelques maires l'ont fait en France, pourraient invoquer en leur faveur la loi du 16-24 Août 1790 et celle du 18 Juillet 1837, ainsi qu'un avis du Conseil d'Etat qui décide que les églises sont propriétés communales. Mais d'abord il importe peu que les églises soient ou non propriétés communales, car le droit de *police* de l'église, qui est une conséquence du droit de diriger le culte reconnu par la loi du 18 Germinal an X (8 Avril 1802), ne dépend pas de la nature du lieu où il s'excerce, puisqu'il peut être excercé hors du temple, sur la voie publique, par exemple, pendant une procession. Relativement à la loi communale les bourgmestres ne pourraient s'appuyer que sur les articles de cette loi, en vertu desquels le bourgmestre est chargé de la *police* municipale... et prend des arrêtés à « l'effet » d'ordonner les mesures locales sur les objets confiés par les » lois à sa vigilance et à son autorité. » Or on sait que la *police* intérieure de l'église n'est point au nombre de ces objets. Les bourgmestres peuvent prendre, en vertu de ces articles, et la chose est très louable et très convenable, des arrêtés de *police* pour défendre de danser, de jouer, vendre etc., autour des églises, les jours de dimanches et de fêtes pendant la durée des offices, ou pour que les cabarets soient tenus fermés, pour défendre de stationner dans les cimetières, sur la place ou sur les terrains communaux environnants l'église; d'y faire du bruit, etc., pendant les offices religieux. Mais les bourgmestres dépasseraient évidemment leurs pouvoirs et feraient abus d'autorité en s'immisçant *d'eux-mêmes* dans ce qui regarde la *police* intérieure de l'église. Ils n'ont, à cet égard, aucune attribution, et *ne doivent se mêler en rien à l'administration intérieure des églises* : C'est ce que portent deux décisions impériales, l'une du 3 Avril 1806, et l'autre du 27 Juin 1807.

7. Les bourgmestres ne sont donc pas mieux fondés à invoquer, à l'appui, de leur prétention. l'art. 3 du titre xi de la loi du 16-24 Août 1790. Cet article porte :

« Les objets de *police* confiés à la vigilance et à l'autorité
» des corps municipaux (aujourd'hui remplacés par les
» bourgmestres) sont.... 3° le maintien du bon ordre dans
» les endroits où il se fait de grands rassemblements d'hommes
» tels que les foires, marchés, réjouissances et cérémonies
» publiques, spectacles, jeux, cafés, *églises* et autres lieux
» publics. »

Nous regrettons itérativement pour l'honneur de la législation, de rencontrer un pareil texte, qui place sur le même rang les rassemblements des foires, marchés et ceux des fidèles assemblés pour rendre à Dieu l'hommage qui lui est dû, et lui offrir leurs vœux et leurs prières. Les églises méritent au moins l'honneur d'une place à part, et qui ne fût pas entre les cafés et autres lieux publics. Quoiqu'il en soit cet article n'autorise nullement la prétention des bourgmestres, il leur impose le devoir de maintenir le bon ordre dans l'église, c'est-à-dire *de réprimer les tentatives de ceux qui troubleraient les cérémonies du culte*, d'appuyer et de faire exécuter les mesures prises par l'autorité chargée de la *police* de l'église, c'est-à-dire par le curé. C'est en ce sens qu'une décision ministérielle, citée par M. Vuillefroy (1), porte que l'autorité civile ne doit intervenir dans la *police* de l'église que s'il s'y commet un délit ou un crime : « Le maire exercerait, dans ce cas, ses fonctions d'officier de *police judiciaire* ; mais aucun texte de loi ne lui attribue la *police* de l'église. »

8. Nos lecteurs peuvent prendre encore connaissance de la savante consultation, délibérée sur la question, par les sommités du barreau de France, MM. Berryer, Hennequin Odilon-Barrot, Crémieux, Dupin, Parquin, de Vatismenil Duvergier et Ariste Boué. Cette consultation résoud l'importante question de savoir si le bourgmestre peut, dans tous les cas, pénétrer dans l'église, pendant les offices, quand le curé a prescrit d'en fermer les portes. Elle est rapportée plus loin.

Une autre question, également intéressante et soulevée en France par certaines gardes nationales qui prétendaient, pouvoir assister toujours, en armes, au service divin, est traitée par MM. Affre et André.

Nous y reviendrons également plus tard.

---

(1) *Traité de l'administration du culte catholique* p. 310.

CHAPITRE DEUXIÈME

1. Il convient de faire suivre l'aperçu général que l'on vient de lire, de la nomenclature des lois et arrêtés obligatoires qui ont successivement réglé les questions de détails et isolées.

On y retrouvera le législateur, toujours fidèle au principe qui a dicté les dispositions fondamentates sur la matière tracée dans la loi primitive de germinal an x.

Arrêtés des 10 *Sept.* 1806 *et* 31 *Oct.* 1810.

L'autorité civile locale n'a pas le droit de faire dans l'intérieur des églises, malgré le curé, des cérémonies quelconques, des publications, des communications d'aucune sorte, soit pour des affaires ou des intérêts temporels, soit et à plus forte raison pour des objets politiques et religieux.

Aucun discours ne peut y être prononcé par des laïques,

même à l'occasion d'une cérémonie funèbre ou d'un événe-ment commémoratif quelconque.

2. *Arrêtés minist. du 7 Frim. an X, et Arr. du 28 Avril* 1806.

La distribution des places à l'intérieur des églises est de la compétence exclusive du curé.

Il règle seul l'emplacement des chaises et bancs.

A part les bancs réservés aux indigents, il est défendu aux fidèles d'en occuper, sans avoir acquitté le prix de la location.

Arr. du 25 Janv. 1812. Les arrangements pris par les marguilliers, peuvent être modifiés par le curé si l'exercice s'en trouvait gêné.

Arr. déjà cités des 3 *Avril* 1806 *et* 27 *Juin* 1807.

Les représentants de l'autorité civile ne peuvent intervenir dans les églises et y exercer les droits de la police administra-tive ou judiciaire,que pour le rétablissement de l'ordre public troublé, ou la répression des crimes et délits.

Ils n'ont rien à y voir et ne peuvent y pénétrer que sur l'invitation du curé ou du bureau des marguilliers, alors qu'il s'agit seulement d'assurer l'exécution des mesures de police et d'ordre intérieur prises par ceux-ci. Ils ne peuvent ni y parler, ni faire agir préventivement leurs agents.

3. *Arr. déjà cité du* 28 *Avril* 1806,*avis du Cons. d'Etat du* 17 *Juin* 1840 *et du* 25 *Juin* 1850.

Le curé seul dispose des clefs de l'église et du clocher.

Si tout autre que le serviteur de la fabrique, doit, à raison de circonstances particulières, avoir accès à la tour, il doit pour y pénétrer, suivre le chemin indiqué par le curé.

Personne ne peut introduire dans l'église des objets mobiliers quelconques, drapeaux, emblêmes, instruments, bustes, images, bannières sans la permission du curé.

L'autorité civile ne saurait le contraindre à les admettre, ni imposer elle-même, aucune manifestation de quelque genre qu'elle soit à l'insu du curé et contre son gré.

4. *Décrets des 18 Mai 1806 et 20 Therm. an XIII.*

Arr. des 30 Sept. 1806 et 31 Janv. 1812.

Avis du Cons. d'Etat du 25 Nov. 1806 et arr. 13 Mars 1819.

Arr. des 12 Févr. 1806, 1811 et 1814.

Le curé, ni le bureau, ne peuvent faire percevoir un prix pour l'entrée dans l'église, aux services ordinaires de la paroisse. Mais toutes les chaises, tous les bancs, non concédés, doivent être taxés légalement et payés par ceux qui en font usage dans chaque office. Ils peuvent être loués à l'année ou au mois. Faute de payement, la chaise peut être enlevée ou le banc fermé.

« Celui qui apporte sa chaise à l'église, doit également payer cette commodité, parce que le décret de 1809, en fesant mention des chaises et des bancs, en suppose toujours le paiement et quant à ce qui concerne les moyens coërcitifs, la Fabrique peut s'opposer au placement de la chaise apportée et la retirer. *Ceux qui résisteraient à l'exécution de cet ordre, s'exposeraient aux peines encourues par ceux qui troublent l'exercice du culte.* »

Si tous les habitants d'une commune, ou une certaine classe de paroissiens se coalisaient pour refuser la taxe, le bureau des marguilliers peut demander au curé de faire enlever toutes les chaises et interdire l'admission dans l'église de tout autre siége. Le ministre devrait autoriser la mesure délibérée et prise et en faire maintenir l'exécution.

(Les récalcitrants seraient passibles de peines correctionnelles et pourraient être en même temps assignés devant la juridiction civile compétente, en payement des taxes refusées; le délit étant indépendant de l'obligation civile contestée.)

5. Dans l'énumération des lois et des arrêtés ou décrets ayant le caractère obligatoire des lois, nous ne pouvons omettre le décret de Déc. 1809, organique des fabriques dont un grand nombre de dispositions règlent le droit général de police attribué aux curés dans nos églises.

Il suffira d'avoir cité les art. 20, 30, 33, 36, 38, 64, 65, 66, 67, 70, et autres se rapportant plus ou moins directement aux questions traitées dans ce travail et dont nos lecteurs, qui veulent s'y intéresser, prendront aisèment connaissance sans nous en demander ici même, la longue reproduction.

D'autres décisions émanées du Pouvoir exécutif ont suivi la publication du décret de 1809, mais comme ils en constituent plutôt l'interprétation officielle et l'application, nous les mentionnerons dans le chapitre que nous consacrons plus loin à la jurisprudence administrative.

6. Toutefois, nous ne résistons pas à notre désir de soumettre à nos lecteurs, malgré son étendue, un document inédit très important emprunté aux Rapports de Portalis, à l'Empereur et l'avis du Conseil d'Etat qui l'a suivi. Il est daté du 30 Août 1806. — Le voici, la rigoureuse précision des principes, exposés dans un langage du plus aimable atticisme par un gallican farouche, si avare de concessions aux droits du culte rétabli, contraste étrangement avec les iniquités d'une jurisprudence refusant de consacrer par ses arrêts, en faveur des catholiques l'usage des libertés publiques, aujourd'hui garanties à toutes les religions.

SIRE,

La loi de l'empire autorise et protège la liberté des cultes.

Dans un tel ordre de choses, il importe à la paix publique de fixer les principes d'après lesquels doivent se conduire les hommes qui professent des cultes différents, lorsque par hasard, ou par toute autre circonstance, ils se trouvent présents à des cérémonies religieuses étrangères au culte qu'ils professent.

Dans les temples, chacun, sans distinction, est tenu de se conformer aux règles et aux usages de l'Eglise à laquelle ces temples appartiennent. En s'y montrant, on se range volontairement dans la classe des fidèles qui s'y réunissent ; on contracte l'obligation de ne pas blesser la police ecclésiastique d'un lieu où l'on n'était pas contraint de se rendre et où l'on ne pourrait, sans danger et sans scandale, s'isoler par une attitude particulière et affectée, de ceux qui viennent dans cet asile, offert à la piété, faire entendre leurs prières et présenter leurs misères communes.

Les cérémonies extérieures, c'est-à-dire les cérémonies qui se font hors des temples, sont également sous la protection de la loi ; on ne peut donc y apporter du trouble sans offenser la loi même qui les protége. La loi est faite en faveur de tous les cultes autorisés ; personne ne peut donc s'en plaindre et tous ont intérêt à la maintenir.

Mais il ne suffit pas, dans les cérémonies extérieures de la religion, de s'abstenir de tout acte capable d'en troubler

l'ordre ou d'en interrompre la marche, il faut encore y conserver un maintien décent qui puisse écarter toute idée
d'opposition ou de mépris

Je sais que les rues et les places publiques sont ouvertes
à tout le monde pour les divers besoins de la vie, et on dira
peut-être qu'il serait injuste de forcer à une sorte de profes-
sion de foi des particuliers qui se déplacent pour leurs
affaires, et se trouvent fortuitement sur le passage d'un cortége religieux. Ceci ne demande qu'à être expliqué.

Le maintien décent qu'on exige de tout homme qui pour
quelque cause que ce soit, se trouve présent à une cérémonie
religieuse, n'est point exigé comme un acte de croyance,
mais comme un devoir de sociabilité ; c'est une précaution de
police à laquelle nous ne sommes pas soumis comme fidèles
mais comme citoyens. A ne consulter que les idées les plus
simples et le plus généralement reçues, on doit à une réunion
de personnes assemblées pour une cérémonie quelconque,
autorisée par la loi, le respect qui est commandé par le sen-
timent de notre propre dignité, et ce respect est le plus bel
hommage que l'homme puisse rendre à l'homme. J'ajoute
qu'un tel respect est une conséquence nécessaire de la tolérance que les fidèles des divers cultes se doivent réciproquement ; car la tolérance, dans le vrai sens de ce mot, n'est pas
purement négative : elle prescrit des égards et des ménage-
ments auxquels on ne pourrait manquer sans méconnaître la
première de toutes les lois, celle qui nous ordonne l'amour
de nos semblables, et qui prend sa source dans ces affections
bienveillantes sans lesquelles la terre ne serait point habitable.

Sachons que l'on n'afflige jamais plus profondément les
hommes que quand on méprise les objets de leur vénération

ou de leur croyance. Tout procédé méprisant n'est donc pas moins contraire à l'humanité qu'à la bonne police.

Dans le moment d'une cérémonie religieuse, tous ceux qui y participent plus ou moins directement, ne croient rien au dessus du spectacle auguste qui frappe leurs yeux et remue leur cœur; ils éprouvent ce doux frémissement par lequel les âmes sensibles répondent à la voix de la religion, qui est à la fois la plus douce et la plus imposante de toutes les voix. Le moment serait mal choisi pour afficher, par une attitude déplacée, une opposition ouverte à des actes solennels de religion qui ont souvent produit une salutaire émotion dans les âmes les moins disposées à s'émouvoir.

Sans doute il ne faut point contraindre les consciences, ni conséquemment exiger des choses qui puissent faire supposer la contrainte, mais il est nécessaire de conserver la paix, en prévenant les prétextes et les occasions de trouble.

La décence est, dans les solennités publiques, ce que la politesse est dans la vie privée; c'est-à-dire elle est une barrière contre nos propres passions et celles des autres ; elle écarte tout ce qui peut offenser et déplaire ; elle seule peut assurer l'ordre et la paix.

Par ces motifs, j'ai l'honneur de proposer à Votre Majesté le projet de décret que je joins à mon présent rapport.

D'ailleurs toute cérémonie religieuse se rapporte à la Divinité et sous ce point de vue, elle est respectable pour tout homme quelles que soient ses opinions.

La religion, en général, est du droit des gens.

Tous les gouvernements sont intéressés à placer les institutions de la société sous la puissante garantie de l'auteur même de la nature.

Napoléon, par la grâce de Dieu.....

Comme il est venu à notre connaissance que quelques personnes sans principes et sans mœurs se sont permis de troubler des cérémonies religieuses, que chacun doit respecter, quelle que soit son opinion ou le culte qu'il professe, et qu'il importe de réprimer par une juste sévérité ceux que le défaut d'éducation porte à blesser la décence dans les cérémonies publiques ecclésiastiques, ou à scandaliser leurs concitoyens.

A quoi voulant pourvoir.

Sur le rapport de notre ministre des cultes, notre conseil d'état entendu,

Nous avons ordonné et ordonnons ce qui suit:

ARTICLE PREMIER.

Toute personne qui entrera dans un édifice consacré à un culte quelconque, pendant le service divin, sera tenue de se conformer à ce que les pratiques et les rites de ce culte exigent de la part des assistants.

ARTICLE II.

Les autorités locales veilleront au maintien de l'ordre et de la décence durant les cérémonies religieuses extérieures et la marche des convois funèbres.

ARTICLE III.

Toute personne qui se permettrait de troubler une cérémonie religieuse quelconque, intérieure ou extérieure, ou une cérémonie funèbre, par provocation ou voie de fait, et qui ne se tiendrait pas découverte et debout au passage du cortège, sera saisie par l'autorité civile ou militaire, et livrée aux tribunaux pour être punie, par voie de police municipale ou correctionnelle, des peines portées contre ceux qui troublent le libre exercice des cultes ou l'ordre public.

CHAPITRE TROISIÈME

Essayons dans un dernier paragraphe, au lieu de prolonger les citations de textes de lois et autres dispositions réglementaires ayant force de loi, de condenser dans une synthèse raisonnée, l'ensemble des actes du pouvoir législatif et du pouvoir exécutif, tant en France qu'en Belgique, sur la matière spéciale qui nous occupe.

Nous ne croyons rien avoir hasardé, en proposant à nos lecteurs les distinctions que nous établissons ci-dessous entre les différents droits de police qui peuvent s'exercer à l'intérieur des églises et nous croyons au contraire qu'elles résument avec précision et clarté, l'exposé général qui les précède.

1. Trois espèces de police sont exercées dans les églises et autres lieux affectés au service du culte : La police civile, la police religieuse ou ecclésiastique, et la police administrative.

— La police civile a pour objet la sureté, la salubrité et la tranquillité publique. Décrets, 16-24 Aout 1790 lit. 2, a. 3 ; 19-22 Juillet 1791 ; 21 fruct. an III (7 Septembre 1795) ; 2 pluv. an VIII (22 Janvier 1808) etc. Elle fait partie de la police communale et est exercée par le bourgmestre, les échevins, le commissaire et les divers officiers ou agents de police. — La police ecclésiastique a pour objet la célébration de l'office divin ou service religieux, et les choses qui s'y rapportent directement et sont de discipline ecclésiastique comme la disposition des places, (décret imp. du 30 décembre 1809) le silence, le recueillement, la décence du maintien, l'observance des rites et cérémonies, etc. Elle est exercée par le curé, sous la surveillance et la direction de l'évêque. (Art. org. 9, 14. 75, décret imp. du 30 décembre 1809. A. 29).

La police administrative a pour objet l'entretien et la conservation de l'édifice, sa décoration, son occupation par les fidèles et la perception des droits que la loi permet d'en retirer. Elle est excercée par les marguilliers, sous la surveillance du conseil de fabrique et de l'autorité ecclésiastique. Art. org. 9 et 75 décret du 30 décembre 1809 a. 1, 24, 41 etc.)

De la police exercée dans les églises par l'autorité civile

2. Les commissaires généraux de police étaient autrefois chargés par l'autorité (décr. 5 brumaire an IX) (27 octobre 1800) de surveiller les lieux où l'on se réunit pour l'exercice du culte (art. 14), de faire balayer dans la circonférence des édifices publics (art. 17), de veiller à ce que personne n'altérât ou dégradât les monuments ou édifices publics appartenant au culte (art. 30), de requérir, quand il y avait lieu, les réparations et l'entretien des temples ou églises.

Le décret impérial du 10 septembre 1805 les chargeait en outre de veiller à ce que l'ordre, la décence et le respect convenables dus aux saints lieux fussent observés (art 11) et leur enjoignait de faire arrêter tout individu qui troublerait la liberté et la publicité du culte. (art. 36). — Ceci ne peut s'entendre que de ce qui se passe en dehors des services religieux et des dispositions prises par l'autorité ecclésiastique à laquelle appartient exclusivement la police du culte et de son exercice ainsi que le décide l'arrêté du 21 pluviôse an XII. Cet arrêté a été confirmé depuis; soit lorsque la loi disposait que le bourgmestre et le commissaire d'arrondissement dépasseraient leurs pouvoirs en s'immisçant dans ces distributions intérieures, qu'ils n'avaient à cet égard aucune attribution et ne devaient se mêler en rien de l'administration intérieure des églises, qui est confiée uniquement et spécialement aux fabriciens » (décis. min., 3 avril 1806, 7 juin 1807); soit lorsqu'elle ordonnait que « la police des églises appartenant aux évêques et aux curés, l'autorité civile ne doit pas s'occuper de placer les autorités dans ces édifices, que c'est à l'évêque ou au curé à en disposer les places conformément à ce que prescrit le décret du 24 messidor et à veiller à ce que les places ne soient pas occupées par d'autres personnes » (an XII. 1804); soit lors qu'elle invitait les évêques à recommander aux curés d'interdire l'entrée des églises aux enfants attaqués de la petite vérole. (Circ., 17 octobre 1810).

Le journal des communes a complétement méconnu cette distinction essentielle en soutenant que le bourgmestre de la commune pouvait exercer la police dans l'église. Ce droit ne lui appartient qu'indirectement et seulement dans le cas ou la tranquillité publique ou d'autres considérations de ce genre, bien motivées, le porteraient à prendre une pareille mesure.

« Il importe, dit la loi française du 22 mars 1831, pour ne pas donner lieu à des réclamations au sujet de la confusion des pouvoirs, et pour maintenir la hiérarchie administrative de rappeler à MM. les Maires qu'ils n'ont aucune injonction à faire aux curés et desservants touchant l'exercice du culte dans l'intérieur des églises et que c'est à l'évêque qu'ils doivent transmettre directement les plaintes et les observations qu'ils auraient à présenter sur la conduite des ecclésiastiques. »

« Les Maires n'ont pas la police de l'intérieur de l'église, écrivait le ministre des cultes en France au préfet des Côtes-du-Nord le 16 mars 1809. Ils n'y peuvent exercer aucun acte de leur autorité. »

De la police exercée par les Marguilliers

3. La police exercée par les marguilliers s'étend 1º sur l'entretien et la conservation de l'édifice (décret du 30 Décembre 1809. A. 1 et 41) 2º Sur l'entretien et la conservation du mobilier de l'église (art. 1 et 27) 3º sur la distribution et l'occupation des places dans l'église ; les bancs et les chaises (art. 1, 64 et suiv ;) 4° sur la conduite des employés subalternes en dehors du service religieux (art. 36 et 35) 5° sur l'acquit des fondations (art.26) 6° sur les fournitures qu'ils sont tenus de faire (art. 27, 35 etc).

En tout cela ils doivent prendre garde de ne pas empièter sur les droits du curé, comme ils ne doivent pas oublier que leur surveillance doit rester étrangère au service religieux, autre que celui des fondations et que, quant à celui-ci, elle se borne à s'assurer que les intentions du fondateur sont fidèlement suivies.

De la police exercée par le Curé

4. Tout ce qui concerne l'accomplissement du service religieux dans l'église comme hors de l'église est sous la surveillance du curé. (art. org. 9.)

Les ministres qui contribuent à son exécution, les fidèles qui y assistent et les fabriciens eux-mêmes, tout aussi bien que les autorités civiles et militaires doivent exécuter ses ordres. — Il surveille aussi les acquisitions faites pour le service de l'église, la disposition des objets d'ornementation et autres, de même que la distribution des bancs, des chaises et des places. (Décret du 30 déc. 1809 A. 29, 30, 45, etc.) — Il peut seul en se conformant aux règles canoniques, refuser l'entrée de l'église, faire mettre hors de son enceinte ceux qui ne peuvent pas assister aux cérémonies religieuses ou qui se comportent d'une manière peu convenable, au mépris de ses ordres ou invitations et des lois de l'église.

Le suisse, le bedeau et le sacristain sont ses agents. C'est par eux et non par lui-même qu'il doit faire observer la police dont la garde lui est confiée.

« Le curé ou les officiers de l'église sous ses ordres n'ont pas qualité pour dresser un procès-verbal avons-nous dit plus haut; l'acte qu'ils rédigeraient n'aurait point les caractères distinctifs d'un procès-verbal et ne ferait point preuve authentique en justice ; la loi ne confère ce droit qu'aux agents de l'autorité publique. »

Il serait plus exact, peut-être, de dire que jusqu'ici on n'a pas fait reconnaître au curé et aux officiers de l'église le droit de verbaliser. Mais dès l'instant où les lois reconnaissent que la police des exercices religieux regarde le curé et mettent les officiers chargés de la police au nombre des employés que les fabriques ont permission d'établir et de payer, il nous paraît incontestable qu'elles les reconnaissent habiles à verbaliser contre les délinquants. Seulement leurs procès-verbaux, comme ceux des gendarmes, appariteurs et agents de police, ne doivent valoir que comme dénonciation, et par suite une condamnation ne pourrait intervenir qu'autant que le fait serait appuyé sur des témoignages.

De la police exercée par l'Évêque

5. Enfin la police exercée par l'évêque est une police générale, une haute police. Elle embrasse toutes les paroisses de son diocèse ou une partie d'entre elles. (art. org., an 9 et 75).

Elle ne pourrait pas se restreindre à une seule autrement que par voie de décision. (*Ib.*, a. 9 et 15).

Les archevêques exercent une police plus générale encore et plus haute sur les diocèses qui dépendent de leur arrondissement métropolitain. (*Ib.*, a. 14)

Du reste, les curés ne sont assujettis à suivre, pour ce qui concerne le service divin, les prières, les instructions, l'acquittement des charges pieuses et les quêtes, d'autres règlements que ceux de l'évêque (Décret du 30 déc. 1809 a 29, 75).

L'évêque peut ordonner la suppression des bancs et autres objets qui pourraient gêner le service divin. (Décr. an 1666 a. 3; édit. 1665, a. 16).

« Il lui appartient de régler ce qui concerne l'intérieur des églises, dit Portalis, parce que l'article 75 de la loi du 18 germinal an x met les églises à leur disposition, et parce qu'il y aurait confusion et désordre si sans leur concours une autre institution avait le droit de disposer des églises, d'y faire des incursions quand, ou comme elle le voudrait, sans être astreinte à aucun ordre ou sans autre règle que sa propre volonté. » (Rapp., 10 Sept. 1806).

DEUXIÈME PARTIE

PREMIÈRE ESPÈCE.

Eglises. — Trouble à l'exercice du culte. — Droit de police du Curé. — Menace d'expulsion de l'église. — Juge de paix. — Incompétence. — Voies de recours.

1º *Dans une paroisse où il est d'usage que les hommes et les femmes chantent alternativement les psaumes, l'individu qui persiste, malgré la défense du curé, à chanter avec ces dernières, et dont la résistance occasionne une interruption de l'office, se rend-il coupable de trouble à l'exercice du culte, délit prévu et puni par les art. 260 et 261 du Code pénal?*

2º Le curé qui, pour réprimer ce fait, lui enjoint de se taire, et, sur son refus, ordonne au suisse et au bedeau de l'expulser, outre passe-t-il les limites de son droit?

3º Cet individu, se prétendant injurié par l'apostrophe publique du prêtre et par la menace d'expulsion ordonnée par lui, et ayant saisi le juge de paix de son action, comme juge de police, ce juge de paix est-il compétent pour en connaître, avant que l'acte du prêtre ait été préalablement déféré au Conseil d'Etat ?

4° Lorsque le juge de paix s'est à tort déclaré compétent par un premier jugement et qu'il a ensuite, par un second jugement, condamné le prêtre à l'amende, y a-t-il quelques voies de recours contre les jugements ?

Ces questions, dont la solution ne manquera pas d'intéresser un grand nombre de nos lecteurs, sont nées à l'occasion de faits récents, et que le consultant nous a exposés dans les termes ci-après :

Il existe dans la paroisse de Gouvy, Calvados, un usage par suite duquel, aux Vêpres, les femmes chantent alternativement avec les hommes les versets des psaumes (1). Depuis

(1) Voici la teneur du règlement affiché dans l'église, à ce sujet : vu l'art. 9, titre 1er de la loi du 8 avril 1802 (18 germinal an x) ; vu la législation des fabriques, etc. ;

En conséquence du texte de ces lois sur la police des églises, avons arrêté ce qui suit :

ART. 1er. Qui que ce soit ne devra mêler sa voix à celle du chantre, ni à celle des choristes, dans les parties qui leur sont réservées.

ART. 2. Les vêpres, ainsi que nous l'avons établi, seront chantées alternativement un verset par le chœur des hommes, l'autre par celui des femmes.

ART. 3. Quiconque refuserait de se conformer au dit règlement, sera invité par notre bedeau à cesser son chant ; et, dans le cas où il ne le ferait pas, à se retirer ; enfin, dans celui où il n'obéirait point à l'injonction qui lui serait faite, il sera expulsé de l'église.

ART. 4. Dans le cas de résistance ou de voies de fait contre les

quelque temps, un sieur Dros, cabaretier, ancien chantre de l'église, et qui a été forcé de se retirer du lutrin, s'est mis en tête de troubler l'ordre établi en se mêlant et en chantant avec les femmes. M. l'abbé Valette, qui dessert cette paroisse depuis vingt-deux ans, dont la modération et la sage administration sont exemplaires, a fermé les yeux pendant quelque temps sur cette atteinte au règlement, espérant que cet homme se lasserait enfin de faire entendre sa voix isolée et discordante parmi le chant des femmes. Mais, au lieu de cesser, le sieur Dros ne fit qu'augmenter son bourdonnement, et le dimanche 23 Juin, il était devenu insupportable et provoquait un véritable scandale. Trois fois le bedeau quitta sa place pour chercher parmi les femmes où s'était placé celui qui causait le désordre; ses avis ne furent reçus qu'avec dédain. A peine le bedeau était-il de retour à sa place que Dros recommençait à l'instant. M. le curé fut alors contraint d'intervenir pour lui enjoindre de cesser son chant, mais ce fut inutilement. L'office est alors interrompu. Le sacristain et le bedeau intiment à Dros, de la part de M. le curé, l'ordre de sortir. Il résiste; une lutte opiniâtre allait s'engager, mais le curé l'arrête pour prévenir un nouveau scandale.

M. l'abbé Valette se hâta alors d'écrire à M. le Procureur de la République pour lui faire part de cette scène. Dros fut sur le champ mandé au parquet, ou il fut réprimandé. Mais,

officiers de l'église, procès-verbal sera rédigé et envoyé à M. le Procureur du Roi, afin que des poursuites soient dirigées contre les auteurs de trouble et de désordre.

Arrêté par nous, Curé, soussigné, le 11 décembre 1842.

blessé dans son amour-propre, il envoya le lendemain à **M.** le curé une citation devant le juge paix de Bretteville, comme *l'ayant apostrophé dans l'église et ayant commandé des voies de fait à son égard.*

M. l'abbé Valette, comprenant avec raison qu'il avait agi dans l'exercice de ses fonctions et dans la limite de ses attributions, déclina la compétence du juge de paix, soutint qu'il ne devait point être donné suite à la poursuite avant qu'elle eut été autorisée par le Conseil d'Etat ; mais ce magistrat, nommé à cette fonction depuis février 1848, rejeta le déclinatoire par le jugement suivant:

« Considérant que la protection accordée par l'art. 6 de la convention du 26 messidor au ix aux ministres du culte catholique est une protection exceptionnellle, et que les exceptions ne s'étendent pas (1);

« Considérant que cette protection est, aux termes dudit article, restreinte aux cas d'abus qui s'y trouvent énumérés, et qui, en ce qui concerne ces individus, sont réduits *à toute entreprise ou tout procédé qui dans l'exercice du culte, peut compromettre l'honneur des citoyens, troubler arbitrairement leur conscience, dégénérer contre eux en oppression, ou en injures, ou en scandale public;*

« Considérant qu'il est impossible d'étendre cette définition aux agressions par voies de fait et violences matérielles, ou bien le législateur n'ayant, dans l'article précité, fait aucune

---

(1) Cette rédaction indique que M. le Juge de paix de Bretteville-sur-Laise a confondu la convention du 26 messidor an ix (ou concordat) avec les articles organiques de cette convention. Ce n'est point par l'art. 6 de la dite convention qu'il est statué sur les cas d'abus, mais bien par l'art. 6 de la loi du 18 germinal an x.

distinction entre les différentes espèces de voies de fait ou de violences matérielles, il faudrait *nécessairement* arriver à ne voir qu'un cas d'abus dans le *meurtre* même, qui est aussi une voie de fait et une violence matérielle, d'ou il suivrait que les délits et même les crimes se trouveraient confondus dans les cas d'abus, et qu'il n'y aurait aucune exception dans la protection accordée aux ministres du culte par l'art. 6 de la convention du 26 messidor an ix; mais s'il en devait être ainsi, le législateur se serait exprimé autrement, et au lieu de dire : *il y aura recours au Conseil d'Etat dans tous les cas d'abus*, etc., il aurait dit : *pour tout fait quelconque argué contre un ministre du culte dans l'exercice de ses fonctions* ;

« Considérant qu'une pareille extension étant inadmissible, il est naturel de penser que le mot *oppression* (qui est le seul qui, dans le dit article, puisse être susceptible d'être interprêté) ne doit s'entendre que de l'oppression morale et nullement de l'oppression matérielle, c'est-à-dire des voies de fait et de violences matérielles, ce qui du reste est conforme à l'ensemble de l'art. 6, d'après les termes duquel il est facile de reconnaître la pensée du législateur; il a voulu établir une juridiction exceptionnelle pour les *entreprises ou les procédés qui peuvent* compromettre l'honneur ou troubler la conscience des citoyens, et il ne s'est pas occupé des faits qui sont de nature à compromettre leur santé, leur vie : le législateur a reconnu qu'un excès de zèle pouvait dégénérer en abus ; mais il n'a pas voulu supposer qu'un ministre de l'Evangile, dans l'exercice de ses fonctions, oublierait assez la sainteté de son ministère et la mission de paix et de charité qui lui à été confiée pour porter une main agressive sur un de ses paroissiens ;

« Considérant que si les agressions par voies de fait et violences matérielles ne peuvent être rangées dans la catégorie des *cas d'abus* protégés par l'art. 6 de la convention du 26 messidor an ix, elles restent dans le droit commun, c'est-à-dire dans la catégorie des délits ou des crimes, selon léur gravité, et comme telles sont soumises à la juridiction des tribunaux ordinaires ;

« Considérant que le fait reproché par le sieur Dros au sieur Valette serait une véritable agression par voie de fait et violence matérielle, qui toutefois, attendu son peu de gravité (abstraction faite de la gravité morale) rentre dans la compétence du juge de paix, aux termes de l'art. 5 de la loi du 25 Mai 1838.

« Par ces motifs, parties ouïes, et le ministère public entendu dans ses conclusions verbales, le tribunal se déclare compétent, ordonne qu'il sera plaidé au fond et condamne le sieur Valette aux dépens de l'incident. » (Jugement du 31 Juillet 1850).

Le 28 Août, l'affaire étant revenue à l'audience, sur le fond, le juge de paix rendit un jugement contradictoire qui condamne M. l'abbé Valette à 2 francs 25 centimes d'amende et aux dépens.

Le conseil de jurisprudence a examiné avec une attention scrupuleuse les faits et les questions qui en découlent, et, après en avoir délibéré, il a été d'avis des résolutions suivantes :

1° En ce qui concerne le trouble à l'exercice du culte : le conseil estime que la résistance du sieur Dros, qui a provoqué une interruption de l'office constitue le délit de trouble, apporté à l'exercice du culte, dans le sens des art. 260 et 261 du Code pénal.

Ces artilces sont ainsi conçus :

« Art. 260. Tout particulier qui par des voies de fait ou des
« menaces, aura contraint ou empêché une ou plusieurs per-
« sonnes d'exercer l'un des cultes autorisés, d'assister à
« l'exercice du culte, et de célébrer certaines fêtes, d'obser-
« ver certains jours de repos, et en conséquence, d'ouvrir et
« fermer leurs ateliers, boutiques ou magasins, et de faire ou
« quitter certains travaux, sera puni, pour ce seul fait, d'une
« amende de 16 fr. à 200 fr. et d'un emprisonnement de six
« jours à deux mois.

« Art. 261 Ceux qui auront empêché, retardé ou inter-
« rompu les exercices d'un culte par des troubles ou des
« désordres causés dans le temple ou autre lieu destiné ou
« servant actuellement à ces exercices, seront punis d'une
« amende de 16 fr. à 300 fr., et d'un emprisonnement de six
« jours à trois mois. »

Or, il est manifeste que les caractères du délit indiqué
dans ces articles se retrouvent exactement dans le fait du
sieur Dros. L'office a été troublé par son chant désordonné,
par la résistance matérielle aux injonctions du curé et du
bedeau, et par l'interruption réelle qui en a été la suite. Le
délit que le législateur a voulu punir par ces articles ne saurait consister en autre chose, et il est probable que le délinquant eut été poursuivi par le ministère public, si, dans sa
plainte, M. le curé n'eût point intercédé en sa faveur. L'action
publique subsiste d'ailleurs encore, et il est par conséquent
toujours possible de demander contre lui l'application de la
pénalité prononcée par la loi. Des condamnations contre des
faits de ce genre ont souvent été prononcées par les tribunaux. En voici quelques exemples :

B.

Le 26 Mars 1831, le tribunal correctionnel de Reims, par application de l'art. 261 du Code pénal, que nous venons de citer, condamna à 25 fr. d'amende un Sieur P... qui pendant une prière du soir avait élevé la voix et troublé le curé pendant qu'il était en chaire. L'adjoint, étant appelé, intima l'ordre de sortir au sieur P... qui fit résistance, et qu'on fut obligé de prendre au collet pour l'expulser de l'église.

En 1832, et par un arrêt du 24 Mai, la Cour d'appel de Paris confirme un jugement du tribunal correctionnel de Reims, qui avait condamné un sieur Blandin à quinze jours de prison et à 50 francs d'amende, pour interruption, par gestes et paroles, de l'exercice du culte, pour troubles et désordres lors de la prédication d'un missionnaire dans l'église de Notre-Dame de cette ville. Seulement la Cour considérant qu'il existait quelques circonstances atténuantes, supprima la peine de l'emprisonnement, et condamna Blandin à 50 fr. d'amende et à tous les frais du procès.

En 1833, un sieur H..., vexé de ce qu'on ne chantait pas le *Domine Salvum fac regem*, ayant entonné cette prière, quoiqu'on lui imposât silence, au moment où le curé allait donner la bénédiction, fut condamné à six jours d'emprisonnement par le tribunal de police correctionnelle de Rouen. (Jugement du 16 Janvier 1833).

En 1836, un sieur Bouchard, destitué des fonctions de clerc laïque qu'il exerçait dans l'église, cherchait à troubler le chantre qui l'avait remplacé. Il formait comme un lutrin à part, était toujours en avant ou en arrière, faisant des intonations affectées et troublant tout le chant de l'église. Le désordre fut porté à un tel point, un jour de la Toussaint, que le curé fut obligé d'inviter le sieur Bouchard à se retirer :

celui-ci n'y consentit qu'après quelques difficultés. De tels excès ne pouvaient être tolérés; une plainte fut portée contre Bouchard, pour avoir troublé les exercices du culte, délit prévu par l'art. 261 du Code pénal, et le tribunal correctionnel de Laon, par un jugement du 26 décembre, condamna le délinquant à 50 fr. d'amende et aux dépens.

Nous pourrions multiplier ces citations ; mais celles que nous venons de faire sont bien suffisantes pour démontrer que les tribunaux comprennent la protection qui est due au culte, et n'hésitent point à punir ceux qui seraient tentés de la méconnaître.

2° En ce qui concerne le droit de répression du curé ; le Conseil estime que ce droit est incontestable, et, qu'en l'exerçant, le curé n'a nullement outrepassé les limites de son pouvoir. La police intérieure de l'église et des cérémonies du culte lui est dévolue par la nature de ses fonctions, par l'ensemble de la législation sur la matière, et spécialement par l'art. 9 de la loi du 18 germ. an x, et par l'arrêté du 21 pluv. an xiii. C'est à lui, par conséquent, qu'il appartient de prendre toutes les mesures et de donner tous les ordres convenables pour y maintenir le bon ordre, la décence et le respect dûs à la sainteté du lieu. En vertu de ce droit de police, la direction du chant pendant les offices lui appartient ; chacun doit se conformer à ses prescriptions à ce sujet, et quiconque lui résiste matériellement au lieu de sortir apporte un véritable trouble à l'exercice du culte. Il résulte encore de ce droit de police qu'il peut ordonner l'expulsion par les serviteurs de l'église, mais sans violence ni injure, de ceux dont la conduite est un sujet de scandale et de trouble public. Ce pouvoir lui est nécessaire pour que la liberté du culte ne soit

pas illusoire, car la protection qui lui est promise par la loi
n'existerait plus si le premier venu pouvait impunément se
jouer dans le saint lieu,des règlements qui ont été jugés utiles
pour le bon ordre et la pompe des cérémonies religieuses. La
loi ne pouvait d'ailleurs moins faire pour le sanctuaire de
Dieu que pour le prétoire de la justice, ou le magistrat est
armé du droit de faire expulser ceux qui se montreraient
irrévérencieux envers lui.

Dans l'espèce, M. l'abbé Valette ne pouvait souffrir le scandale donné par le sieur Dros, il fallait bien qu'il apostrophât
celui-ci pour lui dire de sortir, et le menacer de l'expulser s'il
continuait à troubler l'office. En tout cela, il n'a fait que son
devoir et ce que la loi lui donne le droit de faire dans l'intérêt
de la dignité du culte et du bon ordre.

Ce droit a été plus d'une fois reconnu, et le Conseil d'Etat
lui-même, par une décision du 7 Août 1829, a déclaré qu'il
n'y a pas abus dans le fait du prêtre qui enjoint publiquement
à un fidèle, pendant l'office des vêpres, de quitter la place
qu'il occupait dans l'église et le costume qu'il portait comme
membre d'une confrérie formée dans sa paroisse. A plus forte
raison, n'y a-t-il pas abus ni matière à poursuivre devant les
tribunaux, lorsque le prêtre s'adresse à celui qui trouble
réellement l'office et qui se rend par conséquent coupable
d'un délit caractérisé. Il est inutile d'ajouter que ce n'est
point au prêtre d'intervenir dans les cas où il y a des scandales à réprimer. Son caractère le lui défend, mais il doit faire
agir le suisse ou le bedeau ou les autres employés de l'église,
qui doivent aussi, selon la remarque de l'abbé Dieulin, s'abstenir, à l'égard des profanateurs, de tout emportement, de
toute lutte et de toute parole blessante ou injurieuse.

Dans les cas où ceux ci ne parviendraient point à faire cesser le désordre, il y aurait lieu de prévenir les autorités locales, et si le scandale et le tumulte ne permettaient pas de terminer décemment les offices ou la cérémonie, le curé en prononcerait la suspension et se retirerait. Il adresserait ensuite sa plainte au maire, ou au commissaire de police, ou au Procureur de la République, pour réclamer la protection que les lois garantissent à l'exercice de son ministère.

3° En ce qui concerne la compétence du Juge de paix : la question de savoir si les délits 'qu'aurait commis envers certaines personnes un prêtre, dans l'exercice de ses fonctions, telles que l'injure, la diffamation en chaire, les voies de fait, peuvent être poursuivis directement devant les tribunaux compétents, soit par les plaignants, soit par le ministère public, sans recours préalable au Conseil d'Etat, est une des plus graves que l'on puisse examiner. La limite qui sépare le fait de l'homme du fait du prêtre est parfois difficile à saisir. Un examen préalable est nécessaire pour connaître la qualification qui convient au fait reproché, pour savoir s'il y a réellement délit ou seulement abus. A quelle autorité doit être dévolu cet examen préjudiciel ? La loi du 18 germinal an x donne-t-elle aux ecclésiastiques, pour les actes commis dans *l'exercice du culte*, une garantie analogue à celle dont jouissent les agents du gouvernement ? Cette question, malgré la jurisprudence affirmative de la Cour de cassation quant aux délits contre les particuliers, est encore vivement controversée.

Pour soutenir le droit de citation directe, on dit : l'attribution conférée au Conseil d'Etat par la loi de l'an x n'est autre que celle dont jouissaient les anciens parlements ; toujours il s'est agi d'appel comme d'abus, voie de recours à un juge supérieur contre l'excès de pouvoir commis dans un acte de juridiction. Jamais l'ancienne jurisprudence n'a autrement envisagé l'abus ecclésiastique, témoin Fevret, D'Héricourt, Rousseau Delacombe, et les nombreux arrêts qui ont statué sur des cas d'abus, et l'édit de 1695 qui disposait que l'appel comme d'abus, incident à une poursuite criminelle, n'était pas suspensif. Telle était aussi la pensée de l'auteur de la loi du 18 germinal, qui, en rétablissant l'appel comme d'abus, à entendu donner, non pas au clergé un privilège, mais au gouvernement un bouclier pour sa défense (Exposé des motifs par M. Siméon). Le texte même de la loi de l'an x n'exprime que des actes abusifs de juridiction, contre lesquels seuls est possible un recours, les actes qui oppriment la conscience du croyant, justiciable à ce titre de l'ecclésiastique tels qu'un refus de sacrement ou de prières ; il ne prévoit aucun délit pour le qualifier abus, pour en dérober la connaissance aux juges naturels. Si on l'appliquait aux délits commis contre les particuliers, il faudrait interdire l'action directe du ministère public comme celle de la partie civile car la loi ne distingue pas ; il faudrait même subordonner à une autorisation la poursuite des délits publics, et la société serait ainsi désarmée. Tout au moins, doit-on reconnaître que le recours au Conseil d'Etat, s'il y a lieu, est facultatif. (*Dictionnaire du droit criminel*, par A. Morin.)

Telle est l'opinion émise par MM. Chauveau et Hélie, *Théorie du Code pénal*, T. 1er, p. 275 par M. l'avocat-général Hello, dans deux réquisitoires, *Gazette des Tribunaux,* nos du 27 juillet 1838, 27 et 28 Avril 1839: par le rédacteur du *Recueil des Arrêts de Bourges,* 1839 7e et 8e liv.; elle a été adoptée par la Cour de Grenoble, arrêt du 3 Mai 1831; par par les tribunaux correctionnels de Clamecy et de Gourdon Jugement des 22 août et 9 nov. 1838 ; par la Cour de Bourges arrêt du 29 Juin 1836, etc.; enfin par M. le Juge de paix de Breteville-sur Laise, dont nous avons ci-dessus transcrit le jugement.

Mais à ces raisons et à ces autorités nous répondrons, avec l'auteur du *Dictionnaire du droit criminel.*

La loi de l'an x ne doit pas s'interpréter par l'ancienne jurisprudence, qui, d'ailleurs, n'avait pu définir l'abus ecclésiastique. Il ne s'agit plus *d'appel*, ce mot même n'est pas dans la loi. Un recours est ouvert, régi par d'autres principes, soumis à d'autres formes, produisant des effets différents. La loi a voulu que la police des cultes restât dans les mains du gouvernement. Son esprit est révélé par cette déclaration de l'archichancelier lors de la discussion de l'article 204 du Code pénal, prévoyant un cas d'abus qui comporte des poursuites criminelles : « l'affaire vient *nécessairement* au conseil d'Etat puisque c'est ce conseil qui *autorise la mise en jugement.* »

L'art. 6 de la loi ne prévoit pas seulement l'excès de pouvoir, mais aussi les actes injurieux, oppressifs pour les partiouliers. Ses expressions finales sont vagues, parce qu'il ne voulait exclure aucun fait abusif, parce que l'acte du prêtre a quelquefois un caractère mixte. Alors qui distinguera le fait de l'homme du fait ecclésiastique? qui règlera la compétence, le juge naturel de l'abus : c'est ce qu'exprime l'art. 8, prévoyant le renvoi à l'autorité compétente. L'obligation d'un recours préable n'est point un privilège pour le clergé, mais une garantie qu'il lui devait comme aux agents quelconques du gouvernement pour empêcher le scandale d'une poursuite téméraire; si l'action directe du ministère public est permise, ainsi que l'a pensé la Cour de cassation en 1831, c'est que le danger prévu n'est pas ici à craindre. c'est que la répression des délits publics doit être immédiate.

Cette dernière opinion a été soutenue par M. Jauffret, *Des recours au Conseil d'Etat en matière ecclésiastique*, et soutenue par M. Mangin, *Traité de l'action publique et de l'action civile*, n° 255, puis énergiquement appuyée par M. de Cormenin, *Gazette des Tribunaux*, nos des 8 mai 1839 et 11 mars 1840. Elle a été consacrée, quant aux poursuites dirigées au nom des plaignants, par deux arrêts de la Cour de cassation, des 25 août 1827 et 28 mars 1828 et par un arrêt de la Cour de Rouen du 17 octobre suivant, sanctionnée de nouveau par deux arrêts de la Cour suprême des 18 février 1836 et 28 juillet 1838, étendue même par un dernier arrêt de cette Cour du 12 mars 1840 aux délits qualifiés, poursuivis par le ministère public, enfin adoptée par les Cours d'Agen, Orléans et Limoges. (*Dictionnaire du droit criminel,*vo *abus*). En sorte que, aujourd'hui, la jurisprudence est fixée en ce sens que la poursuite des délits privés ou publics commis par les ecclésiastiques, dans l'exercice de leurs fonctions, ne peut avoir lieu par citation directe devant les tribunaux, avant que le Conseil d'Etat l'ait dûment autorisée. Si nous faisons maintenant l'application de cette jurisprudence au fait reproché à M. l'abbé Valette, il est facile de voir que c'est à tort qu'il à été déféré à M. le Juge de paix de Bretteville-sur-Laise, que ce magistrat n'en pouvait être saisi directement, et que c'est par conséquent par excès de pouvoir qu'il s'est déclaré compétent pour en connaître, sans le recours préalable au Conseil d'Etat.

4° En ce qui concerne les voies de recours contre les deux Jugements rendus par le Juge de paix : le Conseil estime que ces deux jugements sont aujourd'hui inattaquables de la part de la partie contre laquelle ils ont été prononcés. D'abord l'appel n'est plus recevable à l'égard du premier, comme n'ayant point été interjeté dans les dix jours de la signification à personne ou domicile, conformément à l'art. 174 du Code d'instruction criminelle ; et, à l'égard du second, parce que le montant de la condamnation pécuniaire n'est que de 2 frs. 25 c., tandis que l'art. 172 du Code précité n'autorise cet appel en matière de simple police que contre celle qui excède 5 francs outre les dépens.

Le recours en cassation n'est point non plus possible. L'art. 177 du Code d'instruction criminelle dit, en parlant du jugement de simple police, que le recours aura lieu dans les délais qui seront prescrits et il ne contient aucune autre disposition spéciale. De là on a conclu qu'il fallait suivre la règle établie par l'art. 373, qui fixe *à trois jours* le délai du pourvoi contre les arrêts de la Cour d'assises. Cette doctrine, qui est enseignée par Legraverend, *Législation crim.*, T. 1er, p. 439, à été consacrée par la Jurisprudence, et il a été constamment jugé que le prévenu, le ministère public et la partie civile n'ont que ce délai de trois jours, à dater de la prononciation du jugement ou de l'arrêt, soit définitif, soit interlocutoire. (Voy. dans ce sens : arrêt de la Cour de cassation, du 18 déc. 1821, 9 juillet et 24 déc. 1825, 2 août et 22 déc, 1828, 9 juillet 1829, 21 oct. 1830, 13 janvier et 18 oct. 1832, 19 oct, 1835 et 8 août 1840.) Nous croyons cependant devoir ajouter que si le jugement du Juge de paix sur la compétence était porté à la connaissance du Procureur-général à la Cour de cassation, il pourrait se faire que ce magistrat se pourvût dans les termes de l'art. **442** du Code d'instruction criminelle pour obtenir, dans l'intérêt de la loi, la cassation d'une décision qui viole un principe d'ordre public en cette matière.

DEUXIÈME ESPÈCE.

Un curé a-t-il le droit d'ordonner la fermeture de toutes les portes de l'église pendant les messes de mariage? Oui.

Le Maire de la Commune pourra-t-il, en pareil cas, faire ouvrir les portes dont le curé aurait ainsi prescrit la clôture? Non.

Ces questions ont été soumises à l'examen du Conseil par M. l'abbé Dumaine, aumônier des hospices, à Saint-Martin (Ile de Rhé), diocèse de La Rochelle département de la Charente-Inférieure.

Elles doivent se résoudre par l'application de principes qui ont été plusieurs fois exposés ou rappelés dans ce recueil.

Le Conseil a démontré dejà, dans plusieurs consultations précédentes que la police de l'intérieur de l'église appar-

tient essentiellement au curé ou desservant, ou aux écclésiasti-
ques qui le remplacent dans l'exercice du saint ministère. Il a
décidé notamment, par application de ce principe, que le curé
a le droit d'ordonner, par mesure de police, que l'église ne
sera ouverte qu'à certaines heures de la journée; ou bien
encore qu'à certaines heures elle sera fermée, sauf à certaines
personnes, par exemple, aux enfants du catéchisme, aux membres d'une confrérie, etc. Les diverses considérations qui
ont été développées à l'appui de cette solution s'appliquent,
par analogie, à la question ci-dessus posée. Le Conseil estime
donc que le curé, investi par la loi du droit de police dans
l'intérieur de son église, est fondé, en principe, à ordonner la
fermeture de toutes les portes de cet édifice pendant la célébration des messes de mariage.

Toutefois, quelque certain et incontestable que soit le droit
du curé en pareille matière, la gravité même de la mesure à
prendre lui fait un devoir de n'user de ce droit qu'avec beaucoup de circonspection et de réserve. Ainsi, il ne doit ordonner
la fermeture de toutes les portes de l'église durant les messes
de mariage qu'autant qu'à raison de la disposition de lui con-
nue de certains esprits, ou d'autres circonstances graves, il
pense qu'il y a lieu de craindre que quelque inconvenance ne
soit commise dans le lieu saint.

Mais lorsque le pasteur, appréciant selon sa conscience les
motifs qui ont dû le déterminer à agir, a prescrit et fait exécuter la mesure dont il s'agit, il ne doit compte de sa conduite à
cet égard qu'à l'Evêque diocésain; et l'autorité municipale n'a
point qualité pour intervenir à l'effet d'arrêter ou de paralyser
d'une manière quelconque l'exécution de la décision adoptée
par lui. Ainsi, le Maire n'a nullement le droit de faire ouvrir,

en pareil cas, les portes de l'église dont le curé a ordonné la fermeture. Son devoir est, au contraire, si le curé fait appel à son autorité, d'assurer, en ce qui le concerne, par son intervention, l'exécution de la mesure, et le respect des droits du pasteur qui l'a prise dans la limite de ses attributions.

TROISIÈME ESPÈCE.

Le curé a-t-il le droit d'ordonner, par mesure de police, que l'église ne sera ouverte qu'à certaines heures de la journée ? Oui.

A-t-il le droit d'ordonner qu'à certaines heures elle sera fermée, sauf à certaines personnes, par exemple, aux enfants du catéchisme, aux membres d'une confrérie, etc. ? Oui.

Ces questions ont été adressées au Conseil par M. l'abbé Bize, curé de la paroisse de Laurabuc, diocèse de Carcasonne, département de l'Aude, l'un des abonnés du Journal.

Le Conseil a déjà eu plusieurs fois l'occasion de poser les règles qui doivent servir à les résoudre.

Il a toujours été de principe, a-t-il été déjà dit dans une consultation précédente que la police de l'intérieur des églises est exclusivement dans les attributions des ecclésiastiques ; c'est ce qu'enseignent tous les auteurs, anciens et modernes, et ce qu'a de nouveau formellement prescrit une décision du gouvernement, du 2 pluviôse an xiii (10 février 1805). Le curé forme la seule autorité qui veille, soit directement, soit par des agents de son choix, à tout ce qui tient, pour ainsi parler, à la discipline du temple ; lui seul a donc le droit de prendre les mesures qui lui paraissent convenables pour l'entrée des fidèles, pour leur placement dans l'église et pour le libre exercice du culte. Par suite de ce droit, il est incontestablement fondé à ordonner que telle ou telle porte soit ouverte, que telle ou telle autre soit fermée. Il est des ecclésiastiques qui exigent que, pendant certaines parties de l'office pendant la prédication, par exemple, toutes les portes soient closes. Enfin, un curé qui, célébrant publiquement le service divin aux jours et aux heures fixés par le règlement diocésain, ferait fermer l'église le surplus du temps, semblerait au Conseil être dans son droit, et ce ne serait qu'auprès de l'Evêque qu'on pourrait se pourvoir à cet égard.

Le Conseil ne peut que reproduire ces principes, dans lesquels il persiste complètement.

Il n'est pas nécessaire pour les besoins du culte et des fidèles que l'église soit constamment ouverte. Il est, au contraire, souvent nécessaire qu'elle soit fermée, pour des réparations, des appropriations ou des arrangements intérieurs. Il est indispensable qu'elle soit encore fermée à certaines heures auxquelles la surveillance du curé ne saurait s'y exercer suffisamment, et y prévenir des abus et des inconvenances possibles. Or, c'est le curé qui est le seul juge et qui peut seul être appréciateur de ces besoins, de ces nécessités. Il lui appartient donc d'ordonner que l'église ne sera ouverte qu'à des heures déterminées, et que le surplus du temps elle restera fermée.

Si le Curé n'avait pas ce droit, on ne saurait plus à quelles limites s'arrêter. Dès quelle heure du matin et jusqu'à quelle heure du soir ne pourrait-on pas demander que le temple fût ouvert ?

Du reste, dans la plupart de nos paroisses, dans les campagnes surtout, c'est ainsi que les églises sont la plupart du temps fermées. C'est ainsi que dans un pays voisin et éminemment religieux, en Belgique, même dans les plus grandes villes (1), les églises sont également fermées pendant la majeure partie de la journée, et n'ouvrent qu'à certaines heures déterminées.

On objecte vainement, pour contester le droit du curé, que l'église est une propriété communale ; que c'est un lieu public, et qui doit être ouvert à tous. Sans doute, l'église est, en général, un bâtiment communal (2) ; mais un bâtiment qui a reçu une destination exclusive et sacrée, une affectation administrative spéciale, d'après laquelle il doit dès lors être uniquement administré et régi ; d'après laquelle il est soumis à une autorité, à une police particulière : l'autorité, la police du curé. Sans doute, l'église doit être ouverte à tous ; mais seulement conformément au but et aux règles de sa destination.

______

(1) Bruxelles, Liége, Anvers, etc.

(2) Du moins d'après la Jurisprudence du Conseil d'État.

C'est ainsi que la commune ne saurait donner l'édifice communal du temple catholique à un autre culte ; que le Maire ne saurait y tenir des assemblées électorales ou autres. Les cimetières, les promenades, etc., sont bien des lieux publics, des propriétés communales : et cependant, on n'y entre point à toutes les heures ; tous n'y pénètrent que sous l'observation de règlements spéciaux, de mesures de police prescrites par l'autorité compétente.

La solution de cette première question entraîne la solution de la seconde.

Si le curé a le droit d'ordonner, soit que l'église restera ouverte, soit quelle sera fermée à tous, il a nécessairement le droit d'ordonner aussi qu'elle sera fermée, sauf, par exception, à certaines personnes : par exemple, aux fabriciens, qui s'y réunissent en Conseil, conformément à la loi ; aux enfants du catéchisme, pour recevoir l'instruction religieuse ou pour y assister à des exercices pieux ; aux membres d'une confrérie, pour s'y livrer à des pratiques de dévotion, etc. Ces exceptions se justifient au surplus d'elles-mêmes, par leur nécessité ou leur utilité.

Le droit du curé à cet égard est donc incontestable. Mais si l'on croyait qu'il en usât d'une manière inopportune ou abusive, on pourrait recourir à l'Evêque diocésain, qui, s'il y avait lieu, interposerait son autorité.

QUATRIÈME ESPÈCE.

Un curé ou desservant peut-il ordonner, par mesure de police, que les hommes se placeront exclusivement dans une partie de l'église, et les femmes dans une autre partie ? Oui.

Cette question a été adressée au Conseil par plusieurs des abonnés du Journal, et, en dernier lieu, par M. l'abbé Tapie, curé de la paroisse de Beyrissas, diocèse de Toulouse, département de la Haute-Garonne.

Elle doit incontestablement être résolue affirmativement.

Puisqu'en effet, la police de l'église appartient essentiellement au curé ; puisqu'il rentre dans ses attributions de prendre toutes les mesures qu'il croît convenables pour y maintenir la décence et le bon ordre (1) : s'il juge que l'une de ces mesures doit consister à séparer les hommes des femmes, à assigner des places distinctes aux uns et aux autres, il est évidemment en droit de prescrire qu'il en soit ainsi.

Ce sont, dans beaucoup de paroisses, des usages consacrés que les fidèles des deux sexes ne se mêlent point; que les hommes se placent d'un côté de l'église, et les femmes d'un autre; que les hommes n'entrent pas dans certaines chapelles; que les femmes ne montent point dans les tribunes, etc., etc. Presque toujours ces usages sont fondés en raison, et ils doivent être conservés.

Dans d'autres paroisses, les mêmes usages n'existent pas; mais l'expérience fait reconnaître l'utilité d'établir des règles analogues. Il convient, dans ce cas, de procéder avec réserve et prudence ; de préparer les esprits aux changements que l'on veut introduire ; de ne pas contrarier brusquement des habitudes depuis longtemps contractées par la population. Mais toutefois les mesures ordonnées par le curé dans le but dont il s'agit sont, comme il a été déjà dit, incontestablement prises par lui dans la limite de ses attributions ; elles sont, en conséquence, légales et obligatoires.

Si ces mesures paraissaient inopportunes ou abusives, on ne pourrait que recourir, par voie de pétition, à l'Evêque diocésain, qui ferait vérifier les faits, apprécierait les circonstances, et, s'il y avait lieu, interposerait son autorité.

(1) Voyez les 7e et 12e consultations, insérées au Journal, tome Ier, pages 70 et 128, et la 404e consultation (livraison de décembre ci-dessus, page 90.

CINQUIÈME ESPÉCE

Lorsqu'une église a plusieurs portes, le Curé a-t-il le droit d'ordonner que quelques-unes de ces portes seront seules ouvertes, et que les autres resteront fermées, notamment pendant la durée des offices ?

Le Maire ou le Conseil de fabrique peuvent-ils exiger l'ouverture de toutes les portes, contrairement à la volonté du Curé ?

M. le Curé de L.... nous expose que l'église de sa paroisse, provenant d'un ancien couvent supprimé, est extrêmement vaste. On peut y entrer par quatre portes; mais il avait toujours été d'usage de n'en ouvrir qu'une seule, ou deux au plus, dans les jours de solennité, et ces deux portes avaient toujours été trouvées suffisantes. Depuis un an, le Conseil de fabrique et le Maire de la commune prétendent faire ouvrir toutes les portes ; M. le Curé désire, au contraire, continuer de suivre l'usage établi. L'innovation qu'on demande n'offrirait, dit-il, aucun avantage, et il en résulterait de graves inconvénients : ainsi par exemple, et pour n'en citer que deux, il deviendrait impossible au pasteur et au serviteur de l'église d'exercer, dans toutes les parties de ce vaste bâtiment, une surveillance suffisante : en outre, l'une des portes que l'on voudrait faire tenir ouverte donne sur une place publique, dont l'aspect et le bruit troubleraient nécessairement les fidèles.

Sans entendre apprécier ces faits, sur lesquels il ne lui est pas possible d'avoir d'opinion, le Conseil est d'avis qu'il n'appartient qu'au Curé de décider quelles sont les portes de l'église qui doivent être ouvertes, et à quelle heure on doit les ouvrir ou les fermer, soit les jours ordinaires, soit les jours de dimanche et de fête.

Il a toujours été de principe que la police de l'intérieur des églises était exclusivement dans les attributions des ecclésiastiques ; c'est ce qu'enseignent tous les auteurs, anciens et modernes, et ce qu'a de nouveau formellement prescrit une décision du gouvernement, du 21 pluviôse an XIII (10 février 1805). Cette décision, qui depuis a été constamment appliquée, comprend non seulement les églises, mais tous les lieux qui en sont une dépendance. Le Curé forme la seule autorité qui veille, soit directement, soit par des agents de son choix, à tout ce qui tient, pour ainsi parler, à la discipline du temple ; lui seul a donc le droit de prendre les mesures qui lui paraissent convenables pour l'entrée des fidèles, pour leur placement dans l'église et pour le libre exercice du culte. Par suite de ce droit, il est incontestablement fondé à ordonner que telle ou telle porte soit ouverte, que telle ou telle autre soit fermée. Il est des ecclésiastiques qui exigent que, pendant certaines parties de l'office, pendant la prédication, par exemple, toutes les portes soient closes. Enfin, un Curé qui, célébrant publiquement le service divin aux jours et aux heures fixés par le réglement diocésain, ferait fermer l'église le surplus du temps, semblerait au Conseil être dans son droit, et ce ne serait qu'auprès de l'Evêque qu'on pourrait se pourvoir à cet égard.

Les Conseils de fabrique ne sont nullement fondés à prétendre donner des ordres relativement à la police de l'église, au nombre des portes que l'on doit ouvrir au public, aux heures auxquelles on doit les ouvrir ou les fermer. Ces Conseils sont chargés par la loi (décret du 30 décembre 1809, art. 1er), de veiller à l'entretien et à la conservation des temples; d'administrer les biens et les fonds affectés à l'exercice du culte; d'assurer cet exercice et le maintien de sa dignité, mais seulement, soit en réglant les dépenses qui y sont nécessaires, soit en assurant les moyens d'y pourvoir : la loi ne leur donne point d'autres fonctions. Le législateur à tellement voulu laisser le Curé seul arbitre de tout ce qui touche à la police de l'église, que le placement des bancs et des chaises, objets de revenus, et, à ce titre, rentrant essentiellement dans le domaine de la fabrique, ne peut avoir lieu que du consentement du Curé ou desservant, sauf le recours à l'Evêque (art. 37 du décret précité). Il serait inutile de combattre plus longtemps des prétentions qui ne reposent sur rien.

La question pourrait offrir plus de difficultés relativement au Maire de la commune. Cependant il faut dire que le Maire n'a pas plus que le Conseil de fabrique le droit d'intervenir dans les mesures de police intérieure arrêtées par le Curé. A moins de circonstances extraordinaires, et expressément prévues par les lois, le pouvoir municipal s'arrête à l'extérieur du temple, et ne saurait y pénétrer. La loi du 16-24 août 1790 place bien au nombre des objets de police confiés à la vigilance et à l'autorité des corps municipaux, aujourd'hui remplacés par les Maires, le maintien du bon ordre dans les endroits où il se fait de grands rassemblements d'hommes tels que les foires, marchés, réjouissances et cérémonies publiques, spectacles, jeux, cafés, *églises* et autres lieux publics. Mais, hors le cas prévu par cette loi, c'est-à-dire, celui où il pourrait craindre que le bon ordre ne fut troublé et croire nécessaire de veiller à son maintien, le Maire n'a nullement à s'occuper de ce qui se passe dans l'église ; il ne prescrirait valablement des mesures quelconques qu'en se fondant sur le motif qui vient d'être indiqué. Or, il ne saurait en être ainsi dans l'espèce dont il s'agit ; ce n'est point parce que, deux portes étant déjà ouvertes, une troisième porte sera ouverte ou fermée, que le Maire devra craindre que le bon ordre soit troublé.

Du reste, si le Maire jugeait convenable de prendre quelques mesures de police, il devrait rendre, pour les ordonner, un arrêté dans les formes légales : et alors le Curé serait à même, en démontrant les inconvénients qui en résulteraient d'en demander l'annulation à l'autorité supérieure, c'est-à-dire, au Préfet du département. Mais dans l'affaire sur laquelle le Conseil est consulté, il n'a été pris par l'autorité municipale aucun arrêté, et l'on ne voit pas comment il pourrait en être pris un, ni par quels considérants il pourrait être motivé.

Le Conseil estime, en conséquence : 1º que M. le Curé est justement fondé à indiquer les portes qu'il croît convenables de faire seules ouvrir, et à continuer de tenir la main à ce que les autres demeurent fermées ; 2º que ni le Conseil de fabrique ni le Maire n'ont rien à ordonner, ni à exiger en cette matière.

Délibéré par MM. Berryer, Hennequin, Odilon-Barrot, Bérigny, Crémieux, Dupin, Parquin, De Vatimesnil, Duvergier, Millot et Ariste Boué.

SIXIÈME ESPÈCE.

Lorsqu'il est causé quelque trouble ou commis quelque action inconvenante dans l'intérieur d'une Eglise, quels sont les moyens que le Curé doit employer pour rétablir l'ordre ? A-t-il le droit de requérir la force publique, ou de dresser procès-verbal ?

Le suisse, spécialement chargé du soin de la police dans l'Eglise, a-t-il les mêmes droits, ou peut-il faire usage de la force ?

En est-il de même quant aux cérémonies religieuses qui ont lieu hors de l'Eglise ?

La police de l'intérieur de l'Eglise appartient essentiellement au Curé, dans les attributions duquel il rentre, par conséquent, de prendre toutes les mesures et de donner tous les ordres convenables pour y maintenir le bon ordre, la décence et le respect dû à la sainteté du lieu. C'est ce que porte formellement une décision du Gouvernement, du 21 pluviôse an XIII (10 février 1805). Cette décision comprend, non-seulement l'intérieur de l'Eglise proprement dite, mais encore ses dépendances, comme la sacristie, etc., et le Conseil estime que, par suite des mêmes principes, il appartient également au Curé de maintenir l'ordre et d'exercer une surveillance particulière de police dans les cérémonies religieuses qui se pratiquent en dehors du temple.

Toutefois, de ce que les droits qu'on vient d'indiquer sont accordés au Curé, il ne faudrait cependant pas en conclure qu'il soit revêtu, même à cet égard, d'un caractère légal tel que celui que la loi confère aux seuls dépositaires ou agents de l'autorité publique. Ainsi, il n'a point qualité pour requérir, à proprement parler, c'est-à-dire par voie de commandement, la force armée; par exemple : la gendarmerie, le garde-champêtre etc.; il ne peut la requérir que de la même manière et dans les mêmes cas qu'un simple citoyen le ferait, par forme d'invitation, mais sans avoir d'ordre à lui donner. Le Curé ne peut pas davantage dresser procès-verbal d'un délit ou d'une contravention; l'acte qu'il rédigerait n'aurait point les caractères distinctifs d'un procès-verbal véritable, et ne ferait point preuve authentique en justice.

Lorsqu'un Curé s'aperçoit qu'il est causé quelque trouble, qu'il est commis quelque action inconvenante dans l'intérieur de son église, il doit employer d'abord les avertissements et les exhortations pour les faire cesser; s'il ne parvient pas à réussir par ces moyens de persuasion et de douceur, il doit appeler le suisse, le bedeau, le sacristain, les divers serviteurs de l'église pour faire expulser l'individu qui occasionne le trouble ; les fidèles peuvent même être engagés à prêter leur assistance et leur concours. Si les circonstances offrent une plus grande gravité, le Curé doit alors faire prévenir le Maire, les officiers de police, et appeler la force publique chargée de veiller au maintien de l'ordre, à la conservation de la tranquillité, et à la protection de tous les citoyens. Sans doute les magistrats qu'on aura avertis s'empresseront d'intervenir et de prendre toutes les mesures nécessaires ; car, à quel meilleur usage pourraient-ils employer l'autorité que la societé leur confie, qu'à faire respecter les objets du culte et les ministres de la religion. Enfin le Curé à encore la faculté, s'il le juge convenable, soit de rendre plainte verbalement devant le commissaire de police, le Maire ou l'Adjoint du Maire qui en remplit les fonctions soit d'adresser une plainte écrite au Procureur du Roi près le tribunal civil de l'arrondissement, pour provoquer contre les coupables la sévérité des lois. Dans ce cas, la justice instruira, et le Curé, les divers serviteurs de l'église, ainsi que les personnes qui auront assisté aux scènes de désordre, seront appelées à fournir leurs dépositions.

Quant au suisse, quoique spécialement chargé du soin de la police de l'église, il n'est que l'agent du Curé ; il doit se borner principalement à exécuter ses ordres, et il ne saurait avoir des droits plus étendus que ceux du Curé lui-même. Il doit donc employer les différents moyens énumérés relativement au Curé. Si quelqu'un se permet d'occasionner du bruit ou du trouble dans l'église, le suisse doit commencer par l'en avertir, l'engager à cesser, et si le trouble continue, à se retirer. Il peut même employer la force pour contraindre à sortir de l'église la personne assez coupable pour persister à en troubler la paix ; mais il ne doit jamais frapper, et il doit également s'abstenir d'en venir à des luttes qui n'auraient pour résultat que d'augmenter le scandale et le bruit. Il convient beaucoup mieux, ainsi qu'il à déjà été dit, de prévenir les magistrats et d'appeler la force publique.

Dans les cérémonies qui se pratiquent au dehors de l'église le suisse est fondé à exercer la même surveillance et les mêmes attributions de police qu'au dedans. Ainsi par exemple, dans une procession, il forcerait à se retirer les individus qui chercheraient à en arrêter la marche, ou à se mêler à ses rangs; mais il ne pourrait les forcer à se retirer de la rue elle-même que la procession traverserait.

Au surplus, dans toutes les occasions aussi fâcheuses que celles qui donnent naissance aux questions objet de cette consultation, il importe surtout d'employer toujours la plus grande prudence et la plus grande modération.

Plusieurs journaux avaient rapporté récemment qu'après la mort du compositeur Bellini, auteur de divers opéras distingués, les amis du défunt avaient demandé à Monseigneur l'Archevêque de Paris la permission de faire célébrer, dans l'église de Saint Roch, un service funèbre en musique, dans lequel plusieurs parties auraient été remplies par des voix de femmes ; mais qu'en raison de cette dernière circonstance, Monseigneur l'Archevêque avait refusé la permision, et empêché le service d'avoir lieu ; qu'il n'avait pu être célébré que dans l'église des Invalides, parce que cette église était indépendante de l'Archevêché. Ces journaux semblaient s'étonner que le gouvernement ne fut pas intervenu pour vaincre la résistance de l'Archevêque. Le *Journal des débats* a répondu le lendemain par un article remarquable, dont nous regrettons de ne pouvoir reproduire que le passage suivant

« Plusieurs journaux se sont plaints avec amertume du refus qu'aurait fait Monseigneur l'Archevêque de Paris d'ouvrir l'église de Saint-Roch aux obsèques du célèbre compositeur Bellini. Ces plaintes ne sont pas fondées. Monseigneur l'Archevêque n'a eu à refuser les portes de Saint-Roch à personne ; mais, en permettant qu'un service funèbre fût célébré pour Bellini dans l'église des invalides, qui est, au même titre que Saint-Roch, sous sa juridiction épiscopale, Monseigneur l'Archevêque n'a pas voulu permettre à des voix de femmes de concourir à l'exécution de la musique religieuse qui devait y être chantée. C'était là son droit ; et s'il est permis de blâmer, comme aussi d'approuver, l'usage qu'il en a fait, il n'appartient à qui que ce soit de contester le droit lui-même, et au gouvernement moins qu'à personne. C'est donc à tort qu'après s'être élevé contre les interdictions de Monseigneur l'Archevêque, on blâme le gouvernement de les avoir souffertes ; et nous avons lieu de nous étonner que, dans un pays qui demandait depuis si longtemps la séparation du pouvoir spirituel du pouvoir temporel, et qui l'a enfin obtenue, on songe sérieusement à reprocher à l'autorité civile d'avoir respecté les droits de la puissance ecclésiastique, et de n'avoir pas fait invasion dans son domaine. »

SEPTIÈME ESPÈCE.

Un Maire a-t-il le droit de faire placer dans l'église, malgré le Conseil de fabrique et le curé, des emblèmes politiques, comme des drapeaux tricolores, un buste du Roi, etc. ?

C'est au Conseil de fabrique seul de décider de quelle manière l'église doit ou ne doit pas être décorée; c'est à lui seul qu'il appartient de donner des ordres à ce sujet. M. le Maire sort tout-à-fait de ses attributions en s'occupant de la décoration du temple, des embellissements à y ajouter. A cet égard, il n'a aucune autorité; il n'a pas plus de droit que tout autre citoyen. S'il fait opérer un changement quelconque, il y a abus, usurpation de pouvoir de sa part; le Conseil de fabrique ou les marguilliers sont fondés à faire enlever les nouvelles décorations et rétablir les lieux dans leur état antérieur.

Indépendamment de cette autorité de la fabrique, le curé est investi de la police de l'intérieur du temple. Ce droit, qui ne saurait être contesté, résulte de la nature même des choses, de la destination de l'édifice et du caractère du pasteur ; il a été, au surplus, fréquemment reconnu par le Gouvernement. En vertu de ce droit de police, le curé est maître de s'opposer à un embellissement, s'il y voit quelque inconvénient, comme de faire supprimer une décoration, s'il la juge inconvenante. Lors même que la fabrique ne s'opposerait pas au projet de M. le Maire, lors même qu'elle s'associerait à son exécution, le curé seul serait donc fondé à défendre, par mesure de police, une semblable innovation.

Si de la question de légalité on passe à l'examen de la question d'opportunité, il n'est pas moins certain que, dans l'espèce proposée, M. le curé et le Conseil de fabrique de l'église de Grenade font l'usage le plus judicieux et le plus légitime du droit qui leur appartient. Le projet de M. le Maire est aussi inconvenant et aussi inconsidéré qu'illégal. Quels que soient les sentiments politiques de ce fonctionnaire, ce n'est pas dans l'église qu'il doit venir les manifester. L'église, c'est la maison de la Divinité, c'est la maison de la prière. Les préoccupations profanes, les passions mondaines doivent s'arrêter à la porte du lieu saint. Il ne faut pas mêler la religion aux intérêts des partis, les choses du ciel aux choses de la terre. Les images de Dieu et des Saints, les objets consacrés au culte, tels doivent être les ornements d'un temple catholique. Mais y introduire des emblêmes politiques, des drapeaux, le buste d'un homme vivant, quel qu'il soit, c'est une infraction aux règles canoniques sanctionnées par la loi civile ; c'est une haute inconvenance, c'est une grave profanation.

On peut penser que M. le Maire de la commune de Grenade, éclairé par les observations qui lui auront été adressées, en aura apprécié la solidité, et qu'il aura renoncé au projet qu'il avait conçu. S'il n'en était pas ainsi, si M. le Maire persistait à vouloir poursuivre l'exécution de ce projet, le Conseil estime qu'il y aurait lieu, de la part du Conseil de fabrique et de la part de M. le curé, de dénoncer cette illégalité, par voie de pétition, soit à M. le Préfet du département, soit à M. le Ministre des cultes. Le Conseil pense que M. le Prefet ou M. le Ministre s'empresserait d'avertir M. le Maire de l'erreur dans laquelle il est tombé, et l'inviter à se désister de prétentions aussi mal fondées.

HUITIÈME ESPÈCE.

Eglises. Chemin de ronde, police du culte.

Les chemins de ronde autour des églises permettent les processions à l'extérieur des édifices religieux, en même temps qu'ils isolent ces édifices des servitudes de jours et de vues qui les gênent encore dans un assez grand nombre de paroisses. Ces chemins font ordinairement partie de la voie publique, en suivent la condition, et échappent par là même à l'action directe de la fabrique. Toutefois, pendant les processions qui y passent, ils participent du caractère même de l'église, et ceux qui y troublent ces cérémonies contreviennent aux lois qui protégent le culte partout où il est publiquement et légalement exercé.

Il est, en effet, de jurisprudence qu'on doit considérer

comme lieu servant actuellement à l'exercice du culte, le chemin, la rue ou la place publique pendant le passage d'un enterrement ou d'une procession quelc onque, et que ceux qui y troubleraient les cérémonies qui s'y accomplissent se rendraient coupables du délit prévu et puni par l'art. 261 du Code pénal.

C'est ce qui a été décidé par plusieurs Cours et tribunaux, et notamment par jugements du tribunal d'Etampes, du 22 Juin 1831, du tribunal de Bourg, du 26 Août 1842; par arrêts de la Cour de Toulouse, du 11 Novembre 1834, et de la Cour de Paris, du 28 Août 1846.

Le Jugement du tribunal correctionnel d'Etampes, que l'on peut invoquer à l'appui de cette doctrine, est ainsi motivé:

« Le Tribunal... Attendu que ces faits constituent le délit prévu par l'art. 261 du Code pénal applicable à l'espèce, puisque, d'après les termes formels de la Charte de 1830 et de la loi du 18 germinal an x, l'exercice du culte catholique peut être public, dans les lieux où il n'existe pas de temples dissidents; que les processions extérieures font partie du culte catholique, et que le lieu où elles passent doit être considéré, aux termes de l'art. 261, comme servant actuellement à l'exercice du culte;

« Attendu que la conduite de l'inculpé présente des circonstances atténuantes qui autorisent à invoquer en sa faveur les dispositions de l'art. 463;

Par ces motifs, le tribunal déclare L... coupable d'un trouble qui a interrompu la procession de la paroisse de Notre-Dame d'Etampes, dans un lieu servant actuellement à l'exercice du culte catholique, mais avec circonstances atténuantes, délit prévu par les art. 261 et 262 du Code pénal;

« Appliquant à L.., les dispositions de ces articles, le condamne à seize francs d'amende et aux frais. »

Eglises. Troubles du culte. — MM. les curés et desservants ne sauraient trop se pénétrer et de la lettre et de l'esprit des lois qui protégent la religion et l'exercice du culte. Les lois du Consultat et de l'Empire qui servent encore aujourd'hui de base à notre législation civile ecclésiastique sont, sans aucun doute, entachées souvent d'un excès de gallicanisme qui n'a aujourd'hui aucune raison d'être, mais si elles sont émanées de la volonté formelle d'assurer la suprématie de l'Etat sur l'autorité religieuse, au moins pour tout ce qui a trait à la discipline extérieure, elles ont franchement tenté d'inculquer le respect du culte aux individus, par les peines qu'elles n'ont point hésité à édicter contre ceux qui s'oublient jusqu'à violer le respect qui lui est dû. C'était d'ailleurs une conséquence du concordat. La religion catholique étant reconnue comme institution publique, il fallait la protéger et la faire respecter. C'est ce qui a été fait notamment par l'art. 261 du Code pénal qui punit le trouble apporté à l'exercice du culte.

Et ce trouble ne doit pas seulement s'entendre de celui qui serait causé à la messe, aux vêpres, aux saluts, à une cérémonie quelconque usitée dans le rite catholique, il doit s'entendre aussi de celui qui serait apporté au prêtre pendant la confession.

La question s'est toutefois élevée de savoir s'il y a trouble à l'exercice du culte, passible de l'art. 261 du Code pénal, lorsque le prêtre ne s'en est point aperçu. La solution doit être affirmative.

Il a, en effet, été jugé par un arrêt de la Cour d'appel de Douai, du 24 février 1869, que l'individu qui cause volontairement dans une église un désordre de nature à troubler les fidèles assistant à une cérémonie religieuse, commet le délit de trouble apporté à l'exercice du culte, lors même que le prêtre officiant, n'ayant ni entendu ni connu ce désordre, a continué la cérémonie sans interruption,

Cet arrêt de la Cour de Douai est fort important à connaître, et nous n'hésitons pas à en reproduire ici la teneur :

ARRÊT : La Cour, entendu, en fait, que de l'instruction et des débats résulte la preuve que, le 10 Décembre 1868, dans l'église de Zimmersel, où le curé de cette paroisse célébrait le salut, le nommé Debreu s'est placé sous l'orgue, à l'entrée de la nef, et que, prenant dans sa poche de la farine, il en répandit sur les manteaux de huit ou dix femmes arrivant à l'office ; que ces femmes, parvenues près du chœur, s'apercevant de ce qui venait de leur arriver, se mirent à rire les unes des autres, à s'interroger sur l'auteur du fait et à secouer réciproquement leurs vêtements ; que l'agitation gagna les assistants qui les environnaient ; qu'il y a lieu toutefois de reconnaître que l'officiant n'eut alors, ni dans le cours du salut, aucune connaissance de l'incident :

Attendu, en droit, que, par le trouble qu'il a causé dans le temple, Debreu a retardé ou interrompu les exercices du culte ; que vainement on prétend que l'ignorance dans laquelle le célébrant est demeuré à l'égard des faits ci-dessus est exclusive de cette entrave ; qu'en effet, il est élémentaire et de doctrine notoire dans le catholicisme que les fidèles concourent et sont participants à toutes les prières et à presque tous les actes religieux qui ont lieu aux offices réglementaires ; qu'il y a donc pratique et exercice du culte par ces derniers en même temps que par le prêtre, bien que celui-ci soit revêtu d'un caractère plus élevé et d'une mission spéciale ; que l'opinion contraire procède d'une confusion entre les rites et cérémonies propres aux ecélésiastiques et fonctionnaires du chœur et ce qui est, pour chacun, constitutif du culte ; que le législateur n'a aucunement distingué entre le pasteur et ses ouailles relativement à la garantie qu'il organisait par l'art. 261 du Code pénal en faveur de l'exercice libre et passible du culte que l'un dirige en le pratiquant et que les autres exercent comme lui ;

Attendu, d'autre part, que l'art. 261 dispose d'une manière générale par rapport au trouble, interruption ou retardement dont il s'agit et sans en déterminer le caractère légal qui demeure dès lors à l'appréciation du juge ;

Par ces motifs, infirme, etc. ?

NEUVIÈME ESPÈCE.

*Lettre du ministre des cultes au préfet du Bas-Rhin, sur
la police intérieure des églises statuant que le curé a seul le
droit de régler ce qui y est relatif, du 21 septembre 1869.*

« Monsieur le Préfet vous m'avez communiqué, avecdivers
documents, un arrèté pris par M. le maire de Singrist pour
régler la police intérieure de l'église de cette commune. Cet
arrêté a été visé par M. le desservant de la paroisse, et Monseigneur l'évêque de Strasbourg vous a demandé de vouloir
bien le revètir de votre approbation pour lui donner force
exécutoire. Vous n'avez pas cru devoir satisfaire au désir du
prélat avant de connaitre mes instructions, attendu que,
d'après la loi du 18 germinal an x et le décret du 20 décembre
1809, la police intérieure des églises rentre dans les attributions de l'autorité ecclésiastique.

« D'après la législation et la jurisprudence, il appartient, en effet, au curé seul de dresser un règlement pour la police de l'église ; toute initiative prise en pareille matière par l'autorité municipale serait irrégulière. Cette question, du reste, ainsi que le rappelle M. le sous-préfet de Saverne, ayant été soulevée à Hochfelden, en 1860, reçut de M. le préfet du Bas-Rhin, à cette époque, une solution conforme à la légalité et qui paraîtrait également pouvoir être adoptée pour la paroisse de Singrist. Par conséquent, si les autorités ecclésiastique et civile sont d'accord, je ne vois pas d'inconvénient à ce que le règlement sur la police intérieure de l'église de Singrist, qui devait être dressé par le desservant, soit approuvé par le maire pour avoir force obligatoire et soit ensuite soumis à votre visa. De cette manière, les attributions curiales sont sauvegardées et l'autorité civile n'intervient que pour leur prêter son appui. Je ne puis donc que vous engager, Monsieur le préfet, à vous concerter avec Monseigneuur l'évêque de Strasbourg pour terminer cette affaire conformément aux observations qui précèdent. »

Dans les cérémonies qui se pratiquent au dehors de l'église, le curé ou le suisse est fondé à exercer la même surveillance et les mêmes attributions de *police* qu'au dedans. Ainsi, par exemple, dans une procession, il aurait droit de repousser les individus qui chercheraient à en arrêter la marche ou à se mêler à ses rangs, ou qui y resteraient la tête couverte ; mais il ne pourrait les forcer à se retirer de la rue elle-même que la procession traverserait. Le curé a le même droit ici que dans l'intérieur de l'église, et il peut porter plainte de la même manière contre ceux qui porteraient atteinte à l'exercice du culte en troublant une procession. Plusieurs arrêts, portés même depuis 1838, confirment cette doctrine. Nous allons en citer quelques-uns qui feront connaître à nos lecteurs la marche à suivre en ces fâcheuses circonstances. Le tribunal correctionnel d'Étampes, du 22 Juin 1831, condamna à 16 francs d'amende et aux frais un jeune homme qui, à la procession de la Fête-Dieu, était venu se présenter devant le dais, la tête couverte, et avait ainsi arrêté instantanément la marche du cortége. Il ne lui était cependant échappé aucun geste ni aucune parole. Voici les motifs de ce jugement :

« Le tribunal, etc. ; .

« Attendu que ces faits constituent le délit prévu par l'article 261 du Code pénal, applicable à l'espèce, puisque d'après les termes formels de la Charte de 1830 et de la loi du 18 germinal an x, l'exercice du culte catholique peut être public dans les lieux où il n'existe pas de temples dissidents ; que les processions extérieures font partie du culte catholique, et que le lieu ou elles passent doit être considéré, aux termes de l'article 261, comme servant actuellement à l'exercice du culte ;

« Attendu que la conduite de l'inculpé présente des circonstances atténuantes qui autorisent à invoquer en sa faveur les dispositions de l'article 463 ;

« Par ces motifs, le tribunal déclare L..... coupable d'un trouble qui a interrompu la procession de la paroisse de Notre-Dame d'Étampes, dans un lieu servant actuellement à l'exercice du culte catholique, mais avec circonstances atténuantes, délit prévu par les articles 261 et 262 du Code pénal.

« Appliquant à L..... les dispositions de ces articles, le condamne en 16 francs d'amende et aux frais. »

Sur l'appel du prévenu, cette affaire fut portée devant le

tribunal correctionnel de Versailles, qui, le 18 août 1831, confirma le jugement des premiers juges et reconnut dans le jugement que l'exercice du culte catholique pouvant être public dans les lieux où, comme à Etampes, il n'existe pas de temples dissidents, les cérémonies de l'église ne peuvent être troublées, même dans la rue, sans qu'il en résulte le délit prévu par les articles 261 et 262 du Code pénal.

Au mois de Juillet 1843, un individu fut condamné à un an de prison pour avoir traversé une procession de la Fête-Dieu.

Le 19 août 1834, les habitants de la ville de Rieux (Aude) célébraient, suivant leur usage, par une procession religieuse, la fête de Saint Cisi, patron de la ville. Dès que la procession, accompagnée des autorités locales, se fut mise en marche, des jeunes gens se permirent de faire entendre des coups de sifflets et des huées. Un grand tumulte s'ensuivit. Le maire, qui s'était empressé d'accourir pour rétablir le calme, dressa procès-verbal qu'il transmit au procureur du roi. Ce magistrat fit citer les jeunes gens qui lui étaient signalés devant le tribunal de police correctionnelle. Un Jugement du 13 septembre suivant les déclara atteints et convaincus d'avoir interrompu, par des troubles et des désordres, les exercices d'un culte dans un lieu servant actuellement à ces exercices, délit prévu par l'article 261 du Code pénal. En réparation de quoi L..... fut condamné à 15 jours d'emprisonnement et à 16 francs d'amende, et les autres jeunes gens à l'amende seulement, à cause des circonstances atténuantes.

Les prévenus ayant interjeté appel de ce Jugement devant la Cour royale de Toulouse, elle confirma le Jugement, par arrêt du 11 novembre, excepté à l'égard de L....., qui, à raison de circonstances atténuantes reconnues en sa faveur par la

Cour, a été déchargé seulement de la peine de l'emprisonnement.

Enfin, le 15 août 1842, au moment où la procession de
l'Assomption se développait dans les rues de la ville de Bourg
(Ain), un sieur G... parut dans les rangs, le chapeau sur la
tête et en troublant la marche des fidèles. Invité par le curé à
vouloir bien se découvrir et à ne pas troubler l'ordre, il répon-
dit par des grossièretés. L'agent de police qui suivait la procession interpella le sieur G..., prit son nom et dressa procès-
verbal. Le tribunal correctionnel de Bourg étant saisi de cette
affaire condamna, par arrêt du 26 août 1842, le sieur G... à
6 jours de prison et à 10 francs d'amende seulement, les
magistrats ayant égard à l'intervention bienveillante du curé
en faveur du prévenu.

On remarquera que nous avons choisi à dessein des arrêts
portés à l'occasion de troubles survenus dans trois espèces de
processions : processions de la fête-Dieu, d'une fête patronale
et de l'Assomption, parce que nous savons que quelques curés,
ne connaissant point en cela tous leurs droits, s'imaginent que
ce n'est que dans les processions du Saint-Sacrement qu'ils
peuvent réprimer les insultes publiques faites au culte catholique ; c'est une erreur ainsi que le prouvent évidemment les
exemples que nous venons de citer. Que MM. les curés sachent
bien que la religion a droit d'être entourée de respect dans
tous ses exercices publics, quels qu'ils soient, et qu'ils ont
toujours le pouvoir de faire réprimer ces bravades aussi impies
que ridicules, dont la religion et les honnêtes gens n'ont eu
que trop souvent à gémir.

Le suisse ou bedeau, chargé par le curé de maintenir l'ordre dans l'église ou dans les cérémonies extérieures du culte,

ne paraît pas pouvoir être assimilé à un agent de police. Il n'en a ni le titre ni les fonctions. Il ne saurait, dès lors, comme le représentant de l'autorité publique, dresser contre un perturbateur un procès-verbal susceptible de faire foi jusqu'à inscription de faux.

Il importe du reste que les actes qu'il signe sous forme de procès-verbaux pour constater les faits délictueux qui se produisent dans l'église ou pendant les processions extérieures, soient selon la gravité des cas, adressés au procureur de la République à l'appui d'une plainte tendant à la répression des faits signalés. Ils serviront de point de départ à l'instruction qui sera ordonnée par le ministère public et auront toujours ainsi une incontestable utilité.

Quant aux injures ou aux outrages qui seraient dirigés contre le suisse, soit dans l'église, soit pendant une procession, etc., s'ils ne peuvent être considérés comme s'appliquant à un représentant de l'autorité publique, ils n'en sont pas moins singulièrement aggravés par le caractère particulier de la personne qui en est l'objet ainsi que par le lieu où ils se manifestent. L'auteur de ces insultes peut être poursuivi et condamné pour trouble apporté à l'exercice du culte, par application des articles 260 et suivants du Code pénal.

DIXIÈME ESPÈCE.

L'horloge qu'une commune a placée dans le clocher de son église ayant surtout une destination civile, la direction et la surveillance en appartiennent plus particulièrement à l'autorité municipale. Toutefois le pouvoir du Maire à cet égard doit se combiner avec le droit de police du curé ou desservant dans l'intérieur de l'église.

Le Maire doit, en conséquence, s'entendre avec le curé sur le choix de l'agent à charger du service de l'horloge ; mais, lorsqu'il a été consulté à cet égard, le curé ne peut refuser à cet agent les clefs du clocher, nécessaires pour ce service.

Le curé ou desservant a le droit d'exiger que l'agent chargé du service de l'horloge passe, pour se rendre au clocher, par telle porte de l'église, à l'exclusion de telle autre qu'il faudrait ouvrir pour lui livrer passage.

Le curé et le Maire de Biesles (Haute-Marne).

Les solutions dont l'analyse précède sont intervenues à la suite des difficultés qui s'étaient élevées entre les autorités

9.

ecclésiastique et civile de la commune de Biesles, département de la Haute-Marne, et dont la correspondance ci-après fera suffisamment connaître les circonstances.

Ces difficultés ayant fait l'objet d'un rapport de M. le Préfet de la Haute-Marne à M. le Ministre de l'intérieur, ce Ministre, avant d'y répondre, a cru devoir, en effet, prendre l'avis de son collègue M. le Ministre de l'Instruction publique et des Cultes, par la lettre ci-après.

Paris, le 10 Janvier 1857.

Monsieur le Ministre et cher Collègue, M. le Préfet de la Haute-Marne m'a consulté sur les questions suivantes :

1o Lorsqu'une horloge communale est placée dans le clocher de l'église et que le sonneur nommé par le curé refuse de la surveiller, le Maire peut-il exiger que le curé, détenteur des clefs du clocher, les mette à la disposition de l'agent de la commune chargé du service de l'horloge, sauf à en obtenir la restitution aussitôt le travail terminé ?

2o Lorsque le clocher a deux issues, l'une ouvrant sur la voie publique, l'autre dans l'église, le curé est-il fondé à demander que, pour arriver à l'horloge, l'agent de la commune passe par l'église, ou peut-il être forcé de livrer passage par la porte extérieure ?

L'horloge qu'une commune a placée dans le clocher de son église ayant surtout une destination civile, il me semble, Monsieur et cher collègue, que la direction et surveillance en appartiennent particulièrement à l'autorité municipale, et que, dès lors le desservant ne doit pas s'opposer aux mesures prises par le Maire pour en assurer le service, lorsque, comme dans l'espèce, ces mesures ne portent aucune atteinte au libre exercice du culte.

Sur le second point, je ne m'explique pas le motif par lequel le desservant exigerait que l'agent de la commune pénétrat dans le clocher par l'entrée pratiquée dans l'église plutôt que que par la porte extérieure; cette porte paraîssant devoir être désignée de préférence, dans l'intérêt du service religieux.

Avant de répondre en ce sens à M. le Préfet de la Haute-Marne je crois devoir, Monsieur et cher collègue, vous communiquer la dépêche de ce fonctionnaire, en vous priant de l'examiner et de me la renvoyer avec votre avis le plus tôt qu'il vous sera possible.

Lettre du 10 Janvier 1857, de M. le Ministre de l'Intérieur (M. Billault) à M. le Ministre de l'Instruction publique et des Cultes.

M. le Ministre de l'Instruction publique et des Cultes, après avoir demandé successivement à Monseigneur l'Evêque de Langres et à M. le Préfet de la Haute-Marne des explications sur les difficultés proposées, a adressé à son collègue la réponse suivante :

Paris, le 20 Novembre 1857.

Monsieur le Ministre et cher collègue, des difficultés se sont élevées entre l'administration municipale de la commune de Biesles (Haute-Marne) et le desservant de la succursale de Biesles, au sujet du service de l'horloge placée dans le clocher

de l'église. M. le Préfet de la Haute-Marne vous a soumis à cet
égard les questions suivantes :

1º Lorsqu'une horloge communale est placée dans le clo_
cher de l'église et que le sonneur nommé par le curé refuse
de la surveiller, le Maire peut-il exiger que le curé, détenteur
des clefs du clocher, les niette à la disposition de l'agent de la
commune chargé du service de l'horloge, sauf à en obtenir
la restitution aussitôt le travail terminé ?

2º Lorsque le clocher a deux issues, l'une ouvrant sur la
voie publique, l'autre dans l'église, le curé est-il fondé à
demander que, pour arriver à l'horloge, l'agent de la commune
passe par l'église, où peut-il être forcé de lui livrer passage par
la porte extérieure?

Sur la première question, vous pensez, Monsieur le Ministre
et cher collègue, que l'horloge qu'une commune a placée dans
le clocher de son église ayant surtout une destination civile,
la direction et la surveillance en appartiennent particulièrement à l'autorité municipale, et que, dès lors, le desservant
ne doit pas s'opposer aux mesures prises par le Maire pour en
assurer le service, si, comme dans l'espèce, ces mesures ne
portent aucune atteinte au libre exercice du culte.

Sur le second point, vous ne vous expliquez pas le motif par
lequel le desservant exigerait que l'agent de la commune
pénétrât dans le clocher par l'entrée pratiquée dans l'église
plutôt que par la porte extérieure ; cette porte paraissant
devoir être désignée de préférence dans l'intérêt du service
religieux.

Toutefois, avant de répondre en ce sens à M. le Préfet de la
Haute-Marne, vous avez cru devoir, Monsieur et cher collègue,

me communiquer la dépêche de ce fonctionnaire, afin de me mettre à même de l'examiner en ce qui me concerne.

1° Je reconnais comme vous, Monsieur le Ministre et cher collègue, que l'horloge installée par l'administration communale dans le clocher d'une église est, en raison de sa destination civile, placée sous la direction et la surveillance particulières de l'autorité municipale. Mais le droit du Maire à cet égard me paraît devoir se combiner avec le droit de police de l'intérieur de l'église, qui appartient exclusivement au curé, d'après une décision du gouvernement du 21 pluviôse an XIII. En vertu de cette décision, le curé est fondé à exiger que le Maire s'entende avec lui pour confier le service de l'horloge communale à un agent que le curé puisse agréer ; mais, lorsque le curé a été consulté sur le choix de cet agent, il ne peut refuser les clefs du clocher nécessaires pour le service de l'horloge. Dès lors le Maire aurait le droit de les lui réclamer. Du reste, dans l'espèce, le curé de Biesles n'a pas refusé ces clefs, mais seulement celle de la porte principale de l'église, dont le conducteur de l'horloge n'avait aucun besoin pour se rendre à la tour du clocher.

2° Le droit de police du curé me paraît également lui conférer le pouvoir d'ordonner que l'agent chargé du service de passe, pour se rendre au clocher, par telle porte l'horloge de l'église à l'exclusion de telle autre qu'il faudrait ouvrir pour lui livrer passage. D'ailleurs, il résulte des explications que m'a fournies Monseigneur l'Evêque de Langres et du plan de l'église joint au dossier que les réclamations de l'administration municipale de Biesles sur ce point sont dénuées de fondement.

Au surplus, le prélat m'informe que dans la commune de

Biesles, depuis la fin du mois de novembre 1856, les choses sont rentrées de fait dans l'état normal et que le conflit signalé n'existe plus.

J'ai l'honneur de vous renvoyer les pièces que vous m'aviez communiquées; je crois devoir y ajouter la lettre que m'a adressée sur cette affaire Monseigneur l'Evêque de Langres et les nouvelles pièces qui m'ont été transmises par M. le Préfet de la Haute-Marne.

Lettre du 20 novembre 1857, de M. le Ministre de l'Instruction publique et des Cultes (M. Rouland) à M. le Ministre de l'Intérieur.

Des instructions conformes aux observations contenues dans cette dépêche ont été adressées par M. le Ministre de l'Intérieur à M. le Préfet de la Haute-Marne.

Observations. — La décision ci-dessus, adoptée de concert par MM. les Ministres de l'Instruction publique et des Cultes et de l'Intérieur, reconnaît très-explicitement au curé le droit d'exiger que l'agent chargé du service de l'horloge communale passe, pour se rendre au clocher, par telle porte de l'église, à l'exclusion de telle autre qu'il faudrait ouvrir pour lui livrer passage. Mais cette décision peut, au premier abord, ne pas paraître aussi affirmative en ce qui concerne le droit d'intervention du curé dans le choix de l'agent à qui doit être confié le service de l'horloge.

Cette décision porte: 1° que le Maire est tenu de s'entendre avec le curé pour confier le service de l'horloge communale a un agent que le curé puisse agréer; et 2° que, du moment où le Maire a *consulté* le curé sur le choix de cet agent, il a le droit de réclamer les clefs du clocher nécessaires pour arriver à l'horloge.

Ces deux propositions paraissent, tout d'abord, contradictoires. La première, en effet, implique la nécessité, pour le choix de l'agent chargé du service de l'horloge, d'une entente préalable entre le Maire et le curé ; la seconde, au contraire, semble réduire le droit du curé a un simple droit d'avis. Mais comme, en règle générale, un avis n'est réclamé qu'a titre d'instruction ou de renseignement, sans être nullement obigatoire pour l'autorité qui le demande, on pourrait penser que, dans l'opinion des deux Ministres, il suffit au Maire, pour obtenir en faveur d'un agent quelconque la remise de la clef du clocher et le libre passage pour parvenir à l'horloge, que le curé ou desservant ait simplement été préalablement *consulté*, c'est-à-dire appelé à émettre son *avis* sur le choix de cet agent.

Tel ne saurait être, selon nous, le sens de la décision ministérielle.

Il ne faut pas perdre de vue, en effet, que le double droit reconnu, dans l'espèce, au curé ou desservant, est fondé, d'après les termes mêmes de cette décision, sur le droit plus général de police qui lui appartient dans son église, suivant une décision du gouvernement, du 21 pluviôse an XIII (10 février 1805). C'est en vertu de ce droit, et comme gardien responsable de l'église et du clocher, que le curé ou desservant est seul chargé d'en conserver les clefs, et qu'il est appelé à prendre ou prescrire toutes les mesures destinées à assurer, dans l'église, l'ordre et le maintien du respect dû au lieu saint. Or, ce droit ainsi reconnu au curé entraîne celui d'interdire l'entrée du clocher à tout agent qui n'aurait pas été préalablement agréé par lui. La décision ministérielle doit donc être entendue en ce sens qu'avant de pouvoir réclamer les clefs du clocher afin de les remettre au régulateur de l'horloge, le Maire doit nécessairement se concerter avec cet ecclésiastique sur le choix de cet agent et se mettre d'accord avec lui, ou, en d'autres termes, obtenir son *agrément*. Ce n'est qu'après avoir ainsi *consulté* le curé que le Maire est en droit de réclamer les clefs du clocher. Ainsi doivent, à notre sens, se combiner et se concilier les deux propositions, en apparence contradictoires, de la première partie de la décision ministérielle dont il s'agit.

Il faut donc reconnaître et il est, selon nous, incontestable que le Maire ne saurait, en aucun cas, imposer au curé, pour le service de l'horloge, un agent non agréé par cet ecclésiastique. Sans doute, le curé ou desservant ne devrait pas non plus, en repoussant systématiquement tous les candidats proposés par le Maire, entraver indéfiniment un service d'utilité publique; mais, en pareil cas, il n'appartiendrait pas au Maire de passer outre; il ne pourrait qu'en référer à l'Evêque diocésain, supérieur spirituel et hiérarchique du curé. Le Préfet seul aurait le droit, à défaut de cet ecclésiastique, d'agréer l'agent qui serait chargé des soins à donner à l'horloge.

Rappelons que le droit exclusif du curé ou desservant à la garde des clefs de l'église et du clocher a été consacré ou reconnu en toutes les circonstances. Les lecteurs de ce recueil pourront s'en assurer en consultant notamment : 1° l'article 5, § 2, du règlement pour le son des cloches, arrêté entre Monseigneur l'Evêque d'Amiens (Monseigneur de Chabons) et M. le Préfet du département de la Somme, agissant conformément à une décision de M. le Ministre des cultes (*Journal des Conseils de fabriques*, tome 1er. pages 203 et 204) ; 2° l'article 9 du règlement sur la sonnerie des cloches, arrêté, le

29 mai 1840, de concert entre Monseigneur l'Evêque de Beauvais (Monseigneur Cottert) et M. le Préfet de l'Oise (*Journal des Conseils de fabriques* tome VI, pages 291 et 292); l'avis du comité de Législation du Conseil d'Etat du 17 Juin 1840, sur l'usage des cloches des églises, les droits respectifs de l'autorité ecclésiastique et de l'autorité civile à cet égard, etc. (*Journal des Conseils de fabriques*, tome VI, page 358). Ils pourront voir également le mandement de son Eminence Monseigneur le Cardinal de Bonald, Archevêque de Lyon, du 12 décembre 1847 (*Journal des Conseils de fabriques*, tome XIII, page 104) et la circulaire de M. le Préfet de Seine-et-Oise (M. Aubernon), en date du 24 septembre 1838 (*Journal des Conseils de fabriques*, tome V, page 16).

Nous croyons, du reste, devoir rappeler ici que, d'après la 430e consultation, insérée au *Journal des Conseils de fabriques*, tome IX, page 368, l'autorité municipale n'a pas le droit de faire placer une horloge au clocher de l'église, sans le consentement de la fabrique; et que l'agent chargé de monter et de régler l'horloge n'a pas le droit de traverser l'église pour se rendre au clocher.

Nous rappelons également qu'aux termes d'une décision, adoptée de concert entre M. le Ministre de l'Instruction publique et des Cultes et M. le Ministre de l'Intérieur, à la date des 12 février et 20 mars 1850, insérée au *Nouveau Journal des Conseils de fabriques*, tome 1er, page 13, lorsqu'une commune a acquis une cloche pour la sonnerie de l'horloge, mais qu'en vertu de conventions entre l'autorité municipale et le curé de la paroisse, cette cloche a été en même temps bénite et affectée aux sonneries de l'église, dont elle occupe une dépendance, le Conseil municipal n'est pas en droit, plus tard, de changer cette dernière affectation.

Nous croyons utile de rappeler une fois encore que le Conseil du Journal a démontré, dans plusieurs consultations, que la police de l'intérieur de l'église appartient essentiellement au curé ou desservant, ou aux ecclésiastiques qui le remplacent dans l'exercice du saint ministère, et qu'ainsi, il a été établi 1° que, lorsqu'une église a plusieurs portes, le curé a le droit d'ordonner que quelques-unes de ces portes seront seules ouvertes, et que les autres resteront fermées, notamment pendant la durée des offices ; que ni le Maire ni le Conseil de fabrique ne peuvent exiger l'ouverture de toutes les portes, contrairement à la volonté du curé (1ʳᵉ consultation : *Journal des Conseils de fabrique,* tome 1ᵉʳ, page 70) ; 2° que le curé a le droit d'ordonner, par mesure de police, que l'église ne sera ouverte qu'à certaines heures et sera fermée, sauf à certaines personnes, par exemple, aux enfants du catéchisme, aux membres d'une confrérie, etc. (404ᵉ consultation : *Journal des Conseils de fabriques,* tome IX, page 90) ; 3° que le curé peut également ordonner, par mesure de police, que les hommes se placeront exclusivement dans une partie de l'église et les femmes dans une autre partie (409ᵉ consultation : *Journal des Conseils de fabriques,* tome IX, page 151) ; 4° que le curé peut aussi ordonner la fermeture de toutes les portes de l'église pendant les messes de mariage ; et que le Maire de la commune ne pourrait, en pareil cas, faire ouvrir les portes dont le curé aurait ainsi prescrit la clôture (498ᵉ consultation : *Journal des Conseils de fabriques,* tome XVI, page 198) ; 5° qu'un curé a le droit de faire expulser, de force, de l'église un individu qui, malgré ses défenses réitérées, stationne sur 'escalier de la tribune ; et qu'en cas d'expulsion ainsi opérée de vive force par le suisse ou tout autre employé de l'église, le particulier contraint à sortir du temple n'est pas fondé à intenter contre cet agent une action en dommages-intérêts (522ᵉ consultation : *Journal des Conseils de fabriques,* tome XVII, page 343).

Ce Journal a résolu comme nous dans deux autres consultations, les questions suivantes :

Lorsqu'il est causé quelque trouble ou commis quelque action inconvenante dans l'intérieur d'une église, quels sont les moyens que le curé doit employer pour rétablir l'ordre ? A-t-il le droit de requérir la force publique, ou de dresser procès-verbal ? Le suisse, spécialement chargé de la police dans l'église, a-t-il les mêmes droits, ou peut-il faire usage de la force ? En est-il de même quant aux cérémonies religieuses qui ont lieu hors de l'église ? Voyez 12ᵉ consultation : *Journal des Conseils de fabriques,* tome 1ᵉʳ, page 128.

Quels sont les moyens à prendre par un curé pour empêcher que les individus qui stationnent pendant la durée des offices, soit à la porte de l'église, soit dans le cimetière qui l'entoure, ne troublent l'exercice du culte par du bruit ou des conversations ? Voyez 230ᵉ consultation : *Journal des Conseils de fabriques,* tome IV, page 27.

Et la réponse du comité de consultations ne diffère, sur aucun point, de la théorie enseignée dans ce livre.

ONZIÈME ESPÈCE.

Le curé conserve la police de l'église, même en présence des autorités et des troupes convoquées à des cérémonies officielles.

M. le curé de la paroisse de B.... s'empresse, chaque année, dès qu'il a reçu les ordres de son Archevêque concernant la cérémonie religieuse demandée par le gouvernement pour la fête nationale du 15 août, de se rendre chez le Maire de la commune, afin de convenir avec ce fonctionnaire de l'heure de cette cérémonie.

Si les autorités locales, qui ordinairement se transportent à l'église en cortège et accompagnées par un détachement de sapeurs-pompiers de la garde nationale, ne sont pas arrivées à l'heure ainsi fixées, M. le curé a également soin de les attendre le temps raisonnable avant de commencer la cérémonie. Mais, plusieurs fois, ces autorités ne se sont rendues à l'église qu'après des retards tels que, si le pasteur n'eût pas commencé plus tôt, les fidèles se seraient retirés et le temple se serait trouvé désert.

Pendant le trajet de la Mairie, dans l'une des salles de laquelle le cortège se réunit, jusqu'à l'église, la garde nationale marche tambour battant, et le tambour, en entrant dans l'église, continue de battre jusqu'à ce que le détachement soit parvenu au centre de l'église, près du chœur, où les autorités prennent place.

Il en résulte toujours, lorsque la cérémonie religieuse est commencée, un trouble et une distraction regrettables parmi les fidèles. Mais lorsque le cortège n'arrive que pendant le prône, ou même lorsqu'il n'arrive qu'au moment auguste de l'élévation, le trouble est plus regrettable encore et le désordre devient un scandale. M. le curé pense que ces graves inconvénients seraient, sinon évités, du moins atténués, si le tambour au lieu de continuer de battre, comme il vient d'être dit, jusqu'au milieu de l'église, cessait de battre au moins dès la porte. Et il demande, en conséquence, s'il a le droit d'exiger qu'il en soit ainsi.

Ce droit du curé paraît au Conseil ne pas être douteux.

Lorsque les autorités civiles, ayant été invitées à une cérémonie religieuse, sont convenues d'y assister, c'est pour le curé un devoir de convenance d'attendre pour commencer que ces autorités soient arrivées, et c'est même une prescription de la loi. L'article 12, titre 1er, du décret du 21 messidor an XII (13 juillet 1804), relatif aux cérémonies publiques, préséances, honneurs civils et militaires, porte en effet : « Art. 12. La cérémonie ne commencera que lorsque l'autorité qui occupera la première place aura pris séance. » Mais c'est aussi pour les autorités un devoir de convenance non moins impérieux d'arriver exactement à l'heure qui a été fixée d'accord avec elles. Il est donc éminemment regrettable que, dans la commune dont il s'agit, non-seulement ces autorités n'arrivent pas exactement à l'heure convenue, mais que, malgré la déférence mise par le curé à les attendre, elles n'arrivent qu'au moment du prône ou même au moment de l'élévation. C'est un manque d'égard et une négligence, essentiellement blâmables.

Quand ces mêmes autorités ou la garde nationale se trouvent en retard, c'est un devoir pour elles de faire au moins en sorte de troubler le moins possible le service divin et le recueillement des fidèles qui y assistent. Le tambour, au lieu d'entrer à l'église en battant, doit donc, au contraire, cesser de battre dès la porte. Le conseil est, en outre, d'avis que si, au moment où le cortège et la troupe arrivent, le prêtre se trouve en chaire ou à l'élévation, la troupe doit s'arrêter à la porte de l'église, et retarder son entrée jusqu'à la fin du sermon ou après l'élévation.

D'autre part, c'est un principe incontestable que la police de l'intérieur de l'église appartient exclusivement au curé. Ce principe, consacré par la décision du gouvernement du 21 pluviôse [an xiii (10 février 1805), résulte indépendamment de cette décision, de la nature même des choses, de la destination du temple et du caractère dont le pasteur est revêtu. Il s'applique dans le cas de cérémonies publiques religieuses de même que dans tous les autres cas ; et la présence, dans l'église, des autorités et de la garde nationale, qui n'y viennent que pour assister à la cérémonie et ajouter à sa solennité, ne porte aucune atteinte au droit de police du curé. Le curé est donc incontestablement fondé, en vertu de ce droit, à

exiger que le tambour s'abstienne de battre, conformément
à ses indications.

Du reste, ce qui est le plus à désirer c'est que, à l'avenir, par
l'exactitude des autorités et de la garde nationale à se rendre
à la cérémonie à l'heure fixée, et, au besoin, par la déférence
du curé à attendre, pour la commencer, leur arrivée à l'église.
les questions ci-dessus n'aient plus à être posées.

CONCLUSION

CONCLUSION

Le droit de police à l'intérieur et aux abords de nos églises, appartient aux dépositaires et aux réprésentants de l'autorité ecclésiastique.

Cela résulte de la nature des choses et si nos Lois étaient muettes, l'exercice de ce droit serait justement revendiqué, comme la conséquence du principe constitutionnel et organique qui consacre la liberté des cultes et garantit l'indépendance de la religion catholique, publiquement professée et pratiquée.

A cet égard, aucune discussion ne peut être sérieuse, aucune n'est possible et les documents juridiques accumulés à dessein dans notre livre, témoignent avec éclat de l'universalité et de l'invariabilité de la doctrine qu'il a la prétention d'enseigner et d'imposer à chacun.

Si le curé dans son église jouit du droit exclusif de faire des règlements généraux de police et d'ordre intérieur, c'est donc qu'il peut se faire obéir, en exigeant que ses prescriptions soient respectées et exécutées. Dès lors, les coupables d'infractions sont légalement repréhensibles et punissables du chef de trouble apporté à la liberté religieuse et à l'exercice des cérémonies du culte.

L'autorité ecclésiastique ne possède pas il est vrai, par elle-même, tous les moyens de sanction pénale contre les auteurs des actes de trouble et de révolte commis dans l'église et pour faire respecter sa mission et ses droits, elle peut devoir s'adresser aux dépositaires de l'autorité civile. Mais sans contredit le devoir de celle-ci est de sauvegarder, dans leur entier, les prérogatives assurées au curé exerçant le droit de police dans son église. Cela est écrit dans nos lois, cela est gravé dans les chartes constitutionnelles qui ont succédé au concordat. L'autorité civile doit à l'autorité ecclésiastique, dans cette circonstance, son concours public, ferme et loyal et quand ce concours est invoqué, *ou rendu* autrement indispensable, l'œuvre de protection et de répression, s’il y échet, ne peut être refusée.

Si l’infraction commise dans le temple a persisté, malgré les défenses de celui qui seul y est le maître, il faut que son auteur devienne coupable de rébellion contre les ordres de l’autorité civile qui connait ces défenses et soit poursuivi et puni comme tel.

Tout cela est bien simple, bien clair, évident et jusques dans ces derniers temps, personne en Belgïque n’aurait compris, personne ne se serait attendu à ce que la question traitée dans ces pages fut autrement résolue et tranchée.

Mais à MARCHE que s’est-il produit?

Un dimanche, y assistant à la grand’messe, l’institutrice *officielle* refuse au collecteur, d’acquitter la taxe de la chaise qu’elle occuppait.

Elle n’y avait pas droit, sans payer. Cela n’est pas douteux, en présence des dispositions de la loi de 1809 qui a rangé parmi les revenus des fabriques, le produit de la taxe des chaises et des bancs fournis aux fidèles.

Le collecteur, sur l’ordre du curé, prévint l’institutrice récalcitrante de sa contravention — d’ailleurs affectée de dédain — contre les réglements généraux suivis dans l’église paroissiale de Marche et eut soin d’ajouter qu’en cas de récidive, l’usage de la chaise serait retiré.

En effet, dès le dimanche suivant l'institutrice se
représenta au service et s'installa comme la première
fois, sur la chaise dont elle refusa itérativement de
payer le prix au collecteur. Mais elle avait averti son
bourgmestre, qui a son tour avait, a côté d'elle, posté
le commissaire de police, sans doute, *animo non
invito*.

Aux instances du collecteur, répondirent des refus
calculés et obstinés, mais il ne fut ni articulé, ni révélé
au procès qu'à ces instances obligées et légales, eussent
été mêlées ni injures, ni sévices d'aucun genre, ce qui
n'empêcha pas le commissaire d'intervenir au moment
où le collecteur s'apprêtait à enlever la chaise.

On croira que ce fonctionnaire, *déjà honteux de son
intrusion* s'est empressé de remplir son plus rigoureux
devoir, — car enfin il est présent à la scène et s'en fait
l'acteur — en engageant la fille *officielle*, à obtempérer
aux injonctions du collecteur, soit en acquittant sa
dette, soit en désertant la place illégalement envahie
et occupée.

Rien n'en fut et bien loin d'ordonner que force restât
au curé de Marche, armé de la loi, bien loin de constater le délit flagrant et prémédité de l'institutrice et de
verbaliser en ce sens, il se joignit à sa résistance et

dénonça le collecteur, de tous les chefs dont la protégée du bourgmestre s'était seule rendue coupable. Et l'on sait que les poursuites intentées contre le *serviteur de l'église* aboutirent à sa condamnation à une amende.

Ni l'institutrice, seule coupable, ni le commissaire de police qui méritait bien quelque mesure disciplinaire, ne furent inquiétés et quant au droit de police à l'intérieur des églises reconnu aux curés par la raison et par la loi, il fut méconnu, il fut nié par les interprètes de la légalité.

Il fut sacrifié et au profit de la loi de 1879 sur l'instruction primaire, une *évolulion* de la jurisprudence, consacra la déchéance du clergé catholique de certains droits, importants et aujourd'hui encore reconnus par le législateur.

Il y a peu de mois, un jacobin d'une commune du midi de la France, obéissant à des incitations impies, trop multipliées par le gouvernement, s'installait pendant le service divin, dans le chœur de l'église et s'y livrait à des parodies insultantes. Sur la menace d'expulsion faite par le curé, il se refusa obstinément à cesser le scandale et le maire, requis de protéger la dignité du culte, n'intervenant pas, les employés de l'église éconduisirent violemment eux-mêmes, aidés de quelques fidèles, le malheureux auteur d'un aussi triste attentat.

Eh bien ! à la Chambre française, la conduite du Maire devint l'objet d'une interpellation sévère adressée au ministre et la justice infligant deux mois de prison au Jacobin trop audacieux.

Est-ce qu'en Belgique, il n'en sera plus ainsi ?

FIN.

APPENDICE

APPENDICE

Afin d'être complet, nous croyons devoir ranger au nombre des monuments de la jurisprudence et insérer à la suite de ceux que nous avons reproduits dans notre Essai, les conclusions déposées par M⁰ Van den Heuvel, ancien avocat à la Cour d'appel de Gand, aujourd'hui professeur à l'université de Louvain à l'appui des moyens plaidés pour le collecteur de Marche.

L'autorité de ce jurisconsulte n'est pas la moins décisive de celles que nous venons d'invoquer.

« Attendu que Désiré Goffinet est prévenu d'avoir, le 24 juillet 1881, en l'église paroissiale de Marche, résisté avec violence envers un dépositaire ou agent de la force publique, agissant pour l'exécution des ordres de l'autorité publique, savoir M. Michel, commissaire de police de cette ville, agissant pour l'exécution des ordres de M. le bourgmestre de cette commune, délit prévu et puni par les articles 269 et suivants du Code pénal ;

« Attendu qu'il a été condamné du chef de cette prévention, le 5 janvier 1882, par le tribunal correctionnel de Marche à 5 francs d'amende et aux dépens ; — que la décision du premier juge ayant été mise à néant le 8 février 1882 par la Cour d'appel de Liège, il a été renvoyé sans frais des poursuites dirigées contre lui, — mais que l'arrêt de la Cour de Liège a été cassé le 27 mars par la Cour de cassation et l'affaire renvoyée devant la Cour d'appel de Gand ;

« Attendu que les éléments constitutifs de la matérialité et de la moralité du délit de rébellion ne se rencontrent pas dans l'espèce ;

« Au point de vue de la matérialité de la rébellion :

« Attendu que la notion de la rébellion exige, d'après l'art. 269 du Code pénal : « 1° une résistance avec violences ou menaces ; 2° envers les dépositaires ou agents de la force publique ; 3° agissant pour l'exécution des lois, des ordres ou ordonnances de l'autorité publique ; »

« Que, dans l'espèce, la première et la troisième conditions font défaut ; attendu, d'abord, qu'il ne suffit pas pourqu'il y ait rébellion d'une résistance quelconque que le simple fait de ne pas obtempérer à leur ordre, le fait, par exemple de déclarer qu'on ne veut pas suivre des gendarmes ou qu'on ne veut pas ouvrir sa porte à l'autorité, ne donne pas lieu à l'application de l'art.269 du Code pénal ; que la résistance doit, d'après cet article, se traduire par des violences ou des menaces et que d'après les principes aussi bien que d'après les travaux préparatoires, ces violences et ces menaces doivent avoir un caractère assez sérieux pour entraver réellement l'action des agents de l'autorité.

« Attendu qu'il est de règle et de tradition dans l'église de Marche de ne pas donner de chaise ou d'enlever celle qui a été prise aux personnes refusant de payer la taxe de trois centimes *décrétée par le conseil de fabrique dans sa délibération du* 15 *novembre* 1868, conformément à l'art. 64 du décret du 30 décembre 1807 (cpr. *De Champeaux*, Code des fabriques, Paris, 1862, t. II, p. 219) ; — que *les institutrices avaient toujours régulièrement payé le prix de leurs chaises, depuis leur entrée dans la commune en* 1879, *jusqu'au jour où le bourgmestre, s'arrogeant un droit exorbitant, leur ordonne de ne plus payer ;*

« Attendu que, le dimanche 24 juillet, le prévenu, pour se conformer aux instructions qu'il avait reçues, avait déjà enlevé et se disposait à mettre à l'écart la chaise de l'institutrice, Mlle Henrotin, parce qu'elle refusait de la payer, lorsque le commissaire de police, sans faire connaître en aucune manière ses instructions, s'approcha, saisit la chaise par une de ses tringles et voulut la lui prendre ;

« Attendu que Goffinet se borna à opposer à l'action du commissaire une résistance purement passive.....;

« Attendu, ensuite, qu'il ne peut y avoir rébellion lorsqu'on se borne à opposer une résistance passive aux agents de l'autorité publique qui procèdent en vertu d'ordres irréguliers à un acte illégal ; — que le texte de l'art. 269 du code pénal consacre implicitement cette doctrine, ainsi que l'a déclaré M. Pirmez (Législation criminelle, t. II, p. 540); que les discussions du Congrès national et les travaux préparatoires du Code pénal sont formels sur ce point; que la doctrine et la jurisprudence sont d'ailleurs unanimes ;

« Attendu, d'autre part, que la police intérieure de l'église appartient en principe aux curés ;

« Que tel était l'ancien droit; que le décret des 16-24 août 1790, qui confiait la police de l'église au maire de la commune *et qui faisait partie d'un système de législation ôtant toute liberté aux cultes*, n'a jamais eu pour but d'enlever d'une manière absolue la police aux curés, et que, dans tous les cas, il doit demeurer aujourd'hui sans application relativement aux églises ou être restreint dans des limites fort étroites vu les lois et les dispositions qui l'ont suivi ;

» Qu'après le concordat de 1801, *le gouvernement français reconnut et sanctionna à diverses reprises le droit de police des curés ;* — d'abord dans une décision du 21 pluviôse an XIII (10 février 1805), où il s'exprime d'une manière formelle (*Journal belge des Fabriques d'églises*, Liège, 1842, t. II, p. 114); — ensuite, *dans le décret organique des fabriques du 30 décembre* 1809, où il s'occupe expressément de la nomination et de la révocation du suisse, c'est-à-dire de l'agent destiné à exercer cette police (art. 33), et où il règle diverses conséquences du *droit de police*, notamment la faculté pour le curé de faire placer les bancs et les chaises (art. 30); — dans une circulaire ministérielle enfin du 17 octobre 1810, où il rappelle encore une autre conséquence de ce même *droit*, en *autorisant le curé à interdire l'entrée de l'église aux enfants atteints d'une maladie contagieuse*. (*Revue de de l'administration*. t. XIV, p. 633);

„ Que telle a toujours été la doctrine de l'administration française (cbr *André*, Cours alphabétique du droit ecclésiastique, Paris 1873, v° Police, t. II., p. 723); et que cette doctrine doit d'autant plus facilement être reçue en Belgique que nous nous trouvons sous l'empire des articles 14, 15 et 16 de la Constitution (cpr. *Courtrai*, 10 novembre 1880, *Belgique Judiciaire* 1880, p. 1532; — *Brixhe*, Dictionnaire des fabriques, 1873, v° Police de l'Eglise; et *Doris*, Législation civile des cultes, dans le Mémorial belge, 1871, p. 218);

« Attendu que le bourgmestre et le commissaire n'avaient, dans les circonstances présentes, aucun

titre à l'exercice du droit de police dans l'église de
Marche ; — et qu'il était permis au prévenu qui agis-
sait conformément aux art. 3, 6, 64 et 33 du décret du
30 décembre 1809, de résister à leurs injonctions
illégales. »

Comme le fait remarquer le *Journal de Bruxelles*,
l'honorable défenseur aurait pu, en suivant le même
ordre d'idées et en développant d'avantage son argu-
mentation, ajouter un dernier considérant et dire, par
exemple : « Attendu, enfin, que si l'autorité communale, sous prétexte de *prévenir* les troubles, avait le
droit de s'immiscer dans la réglementation des asso-
ciations religieuses et les sociétés politiques, scienti-
fiques ou d'agrément, et dans la tenue ou l'organisation de leurs réunions à l'intérieur de leurs locaux et
de leurs temples, elle pourrait, grâce à ce système
préventif condamné formellement par la Constitution
entraver impunément l'exercice de toutes les libertés
et s'arroger la faculté de régler à sa guise les rapports
qui doivent exister entre les sociétaires et entre les
fidèles. »

TABLE DES MATIÈRES

A LA MÊME LIBRAIRIE

BIVORT-RUELENS. Commentaire sur la loi communale. Neuvième édition, 1882, 1 volume grand in-8° de 300 pages, texte compacte. 5 fr.

ORLENT. Manuel des gardes-champêtres et gardes forestiers. Comprenant les devoirs, les droits et les obligations de ces gardes, d'après les lois, arrêtés, instructions et la jurisprudence qui existent sur la matière, avec les modèles de leurs procès-verbaux et rapports. 1 vol. in-8°   1 25
Le même ouvrage en flamand.   1 25

MICHA et REMONT. Code belge des architectes, entrepreneurs et propriétaires, ou législation et jurisprudence civiles, administratives sur les constructions et les objets qui s'y rattachent. 3me édition, 1 vol. in-8°, 1879.   6 fr.

www.ingramcontent.com/pod-product-compliance
Ingram Content Group UK Ltd.
Pitfield, Milton Keynes, MK11 3LW, UK
UKHW022306070726
13614UKWH00002B/571